JN191513

新しいフリーランスの歩き方

小林義崇

扶桑社

はじめに

東京国税局の職員を辞め、フリーランスのライターになって7年ほどが経ちました。

現在はマネージャンルを中心に書籍や記事の執筆、ＹｏｕＴｕｂｅ、セミナーなどを行い、お金の知識をわかりやすく伝える活動をしています。

ライターとしての経験がほぼない状態から独立するのは思い切った決断でしたが、おかげさまで今は何とかライターとして〝食べていける〟ようになりました。

僕が独立をしたのは２０１７年7月。新卒で東京国税局の国税専門官として採用されて13年後、35歳のときでした。

今では「やりたいことを仕事にできていていいね」と人から言われますが、最初から順調だったわけではありません。専業主婦だった妻と小さな息子２人の生活を支えていましたし、住宅ローンや多額の奨学金も抱えていたので、独立前は周りの人から無謀な挑戦だと心配されました。

「30歳過ぎた未経験者が食べていけるほどフリーランスは甘くない」
「国税職員を辞めたら年収が半分以下になるぞ」
「子どもの教育費はどうするんだ」

独立前、このような助言をいただいたことは数知れず。家族には多大な心配をかけ、上司からも独立を思いとどまるよう説得されました。

それでも「人生一度きり」と独立に踏み切ったわけですが、助言されたとおりフリーランスの現実は甘いものではありませんでした。

公務員を退職しても、民間企業を退職した人ならもらえる失業手当が出ません。仕事に必要な経費を自分で負担しなくてはならず、健康保険料の支払いも増えたので、手取り収入は半分以下に落ちてしまいました。

慣れない仕事へのプレッシャー、組織を離れて初めて感じた孤独感、将来への漠然とした不安……。家族の入院や、報酬の未払いなど、予想外のトラブルにも見舞われました。

それでも自分なりに工夫して仕事を続けたところ、少しずつ状況は良くなっていきました。独立から3年ほど経った頃に年収が前職時代を超え、ようやく「ちゃんと食べていける」という状態になったのです。三男が生まれ家庭が賑やかになり、暮らしている地域の友人も増えたので、独立直後の孤独感はいつの間にかなくなっていました。

これまでの経験を振り返って感じるのは、「食べていけるフリーランス」になるためには、ある程度戦略的に行動をする必要があるということです。

具体的には、次の４つの要素が大事だと、僕は考えています。

1. 好条件の仕事を獲得するためのブランディング
2. 人に伝わる文章を書く力
3. 節税などのお金の知識
4. 自分のメンタルを整える力

言い換えると、次のようになります。

自分の強みをもとに立ち位置を定め、報酬の高い仕事を獲得する。

期待値を上回る文章を書いて、クライアントや読者をリピーターにする。
公的な支援制度や節税方法を活用して、金銭面のリスクを下げていく。
人間関係や仕事のプレッシャーに対処し、メンタルを疲弊させないようにする。

僕は独立してから今まで、ずっとこれら4点を意識的に行動に移してきました。その結果、金銭的、精神的な安心感を手にすることができたと考えています。

今手に取っていただいているこの本では、これら4つのポイントの具体的なノウハウを、僕の失敗経験も交えてお伝えしたいと思っています。

「自分の力で食べていくための本」として、既にフリーランスをしている人はもちろん、自由な働き方を目指している人にぜひ、役立ててほしいと思います。

1000万円もの奨学金を抱えて

ここで本編に入る前に、少しだけ「独立前」のことを書かせてください。
僕が最初の仕事として国税職員を選び、その後退職を決めるまでの話です。
僕はもともと、「やりたい仕事」という理由で国税職員を選んだわけではありませんでした。同期職員の中には、1987年公開の伊丹十三監督による映画『マルサの女』に憧れて入った人や、社会の役に立ちたいという強い思いをもっていた人もいましたが、僕は違います。

正直に打ち明けると、「お金が欲しかったから」というのが、最大の理由でした。

大学生の頃の僕はやりたいことが何もなく、「そのうちやりたい仕事が見つかるだろう」と安易に考えていたのですが、結局そのまま就活の時期を迎えてしまいました。

「就職氷河期の中でも最悪レベルの就職難」と言われていた2004年卒業予定だった僕は、そもそも就職できるかもわからない状態。同級生の中にはあえて大学を留年したり、大学院に進学したりして、就職を先延ばしにする人が少なからずいました。

でも僕には、大学を卒業したらすぐに就職しなくてはならない事情がありました。

あまりにも多額の奨学金、つまり借金を背負っていたのです。

母子家庭に育ち、裕福な家庭環境ではなかったにもかかわらず、僕は個人的な希望で福岡県の私立大学に入学しました。この大学の授業料や一人暮らしの費用をまかなうにはアルバイトだけでは足りず、奨学金を借りる必要がありました。

そこで借りた奨学金は月額16万円。しかもこの一部に金利がついていたことから、卒業後は「毎月約４万円を20年間返還する」という約束になっていました。計算すると、１０００万円程度の借金です。

就活の時期が近づくにつれ、徐々に奨学金の深刻さを認識するようになりました。

「奨学金を返すには正社員として就職しないといけない」

「でも、やりたい仕事なんて何にもない」

そんな風に焦りを募らせていた僕は、大学で行われていた適職検査を受けてみることにしました。それは、数十問の質問に答えていくと、向いている仕事や、就活のアドバイスをもらえるというものでした。

テストを受けて数日後、結果を見て愕然とします。

僕がもっとも向いている職業の欄に、「フラワーコーディネーター」と書かれていたのです。それまで部屋に花を飾ったこともないのに……。「適職検査の結果を見てから就活を始めよう」と考えていた僕は人生の迷子となり、同級生よりも就活に出遅れてしまったのでした。

そんなある日、所属していたサイクリングサークルの先輩が僕を見かねて、「やりたいことの前に、まずは奨学金を返さないかんやろ」「とにかくちゃんと給料をもらえるところに就職しろ」と叱ってくれました。

その先輩は国家公務員の税関職員の内定を得ていたので、そこで初めて「公務員になる」という選択肢が頭に浮かびます。公務員なら給料は安定しているし、きっと奨学金を返せるだろうと思いました。

先輩から公務員試験の仕組みなどを教わった僕は、民間の就活を完全に捨てて公務員試験一本に賭けることにします。公務員試験まで残されていた時間は半年ほど。もちろん公務員予備校に通うお金はないので、教材を買って毎日大学の図書館で勉強し、何とか国家公務員の行政職（国家二種）と国税専門官の試験に合格することができました。

試験合格後、九州に事務所を置く複数の省庁から内定の打診があったので、そのどこかに就職しようと思ったのですが、詳しく採用条件を見てみると、「この給料では奨学金を返済しながら生活するのは難しい」ということがわかってきました。

そこで国税専門官の条件を見てみると、専門職のため行政職の公務員よりも給与体系がやや高めに設定されています。さらには勤務地によって地域手当がついていたので、「国税専門官として東京23区で勤務する」ことで、かなり給料を増やせることを知りました。

九州に残って行政職になる場合と、東京国税局の国税専門官になる場合を比べてみると、手取りで4万円以上の差があります。つまり、奨学金の返済額とほぼ同じ。

「東京に行けば、奨学金を返しながら人並みの生活ができるかも」

そのように考えた僕は、生まれてからずっと暮らした福岡を離れることを決断し、東京国税局の国税専門官になりました。

大震災で、価値観に変化が起きた

国税職員になった僕は、25歳で結婚をして、子どもが生まれ、35年ローンで3LDKのマンションを買う……というように、平凡ながらも穏やかな暮らしを送っていました。

最初は馴染めなかった税務署の仕事にも少しずつ慣れ、仕事にやりがいを感じるようになります。職場の人間関係も良好だったので、「定年まで勤めるだろう」と疑いなく思っていました。

そんな人生にふと疑問が生まれたのは、2011年に東日本大震災が起きてからのことです。

震災があったのは金曜日だったため、翌週の月曜は出勤しようとしたのですが、最寄り駅に着くと終日運行休止となっていました。2つ先の駅から電車が動いていると聞き、僕は他のスーツ姿のサラリーマンの群衆に交じってその駅に向かって歩き始めました。

そうしてしばらく歩いていると、だんだんと「自分は何をやっているんだろう」という感覚が襲ってきました。

目指している駅に着いてもすぐには電車に乗れそうもなく、実際に職場で仕事をできる時間はほぼありません。それに、当時の僕は総務系の部署で、特段急ぎの仕事を抱えていませんでした。

その日に職場に行く理由があるとすると、「他のみんなも行っているだろうから」ということに尽きるのですが、そのことがとても無意味に思えてきたのです。当時は次男が生まれて間もなかったこともあり、職場よりも自宅にいて家族を安心させるほうが大切だと思いました。

「やっぱり今日は休もう」

そう考えた僕は、葛藤を感じつつ携帯電話から上司に連絡をして、1日有給休暇をもらうことにしました。踵を返して自宅へと向かおうとすると、駅に向かうスーツ姿の群衆の流れに逆らう形になり、たくさんの人と目が合ったことを覚えています。

あの日に自分の中に生まれた感覚や、震災によって命の有限さを自覚したことによって、僕は自分の働き方を考え直すようになりました。それまでは職場に毎日行くのが当たり前で、公務員として定年まで過ごすことが正解だと思っていた価値観が崩れてしまったのです。

その後の僕は、ソーシャルビジネスを志す人が集まるビジネススクールに通ったり、異業種の人と交わる起業イベントに参加したりして、自分らしい生き方、働き方を見つけようともがいていました。

それでもなかなか「これだ」というものは見つからなかったのですが、ある一冊の本との出合いが運命を変えることになります。

運命を変えた一冊の本

それが、ライターの上阪徹氏による『職業、ブックライター。毎月1冊10万字書く私の方法』（講談社）というビジネス書でした。

この本には、インタビューなどの取材を行い、著者に代わって本を執筆する「ブックライター」という仕事のノウハウをはじめ、上阪さんのライフスタイルや仕事哲学が語られていて、「これが僕のやりたかった仕事かもしれない」とピンと来るものがありました。

僕はもともと読書が好きでしたし、国税組織の閉鎖的な環境に長くいたので、ライターの仕事を通じて外の世界に触れられることが、とても魅力的に思えました。

著者の上阪さんに感想を伝えたくなった僕は、Ｆａｃｅｂｏｏｋで名前を検索してメッセージをお送りしました。著者にいきなりコンタクトを取るなんて我ながら大胆なことをしたと思いますが、間もなく上阪さんからご丁寧なお返事をいただきました。

そのお返事には、僕への励ましのお言葉とともに、上阪さんが本気でブックライターを目指す人に向けたセミナーを企画していることが書かれていました。その企画は、後に「上阪徹のブックライター塾」となり、今では塾生も11期を数えるまでになっています。

２０１４年春にブックライター塾第１期生となった僕は、上阪さんをはじめ、それまでまったく接点のなかった出版・メディア業界の人たちとつながることができました。フリーライターの仕事やライフスタイルのイメージが鮮明になり、「これが自分の生きる道」と思った僕は、本気で独立を目指すようになったのです。

その後、卒塾してから独立するまでの葛藤、そして独立後の金銭的・精神的な苦労については本編でお伝えするとして、これらのハードルを乗り越えた今、僕は自分の人生に心から満足しています。

時間や場所、人間関係にとらわれないライフスタイル、自分の力で仕事を切り開く喜び、何より刺激的な出会いに満ちたフリーライターの仕事と出合えたことに感謝していますし、ずっと続けたいと心から願っています。

世の中には「やりたいことを見つけて仕事にしよう」といった言葉が溢れていて、やりたいことを探す方法論も多くあります。それが大事なことは間違いありませんが、やりたいことを見つけることと、仕事として続けられるかは別の話です。せっかくやりたいことを仕事にしても、さまざまなプレッシャーからやめてしまうのは本当にもったいない。

僕は、あなたがやりたい仕事を見つける方法を教えることはできませんが、「食べていけるフリーランス」になるための戦略なら、いくつかお伝えできます。この戦略は、今後あなたのやりたいことが変化したとしても、ずっと活用できるものです。

前置きが長くなってしまいましたが、ここからフリーランスとして幸福な人生を送るための方法を、一緒に考えていきましょう。

マネーライター
Y－MARK合同会社代表
小林義崇

新しいフリーランスの歩き方　目次

はじめに……2

第1章 自分の立ち位置を見つける

副業で売り物としての自分を育てる……26

「ライターとして努力」だけでは食べていけない現実……34
家族の入院で認識したフリーランスの不安定さ……38
「誰が書いたのか」が重視される時代……42
営業が苦手でも「自分の売り」を決めれば大丈夫……47
大きなマインドマップを書ける分野を探す……55
仕事を紹介してもらうための意外な条件……60
苦手だったインタビューは「税務調査メソッド」で解決……65
自分の本になるはずじゃなかった代表作……71
著書10万部突破ですべてが変わる……75
「自分がやりたいこと」よりも「人から頼まれること」……79

第2章

自由になるための書く力

わかりやすい文章を書くためのたったひとつのコツ……86
公務員式　読者に伝わる文章の3条件……90
文章クオリティを高める13のチェックリスト……95
「言い切り」の文章にはリスクがある……106
リサーチで正しい情報を取る……111
フォーマットがあると、すらすら書ける……116
構成は、取材が終わった時点でほぼ決まる……120
AIで作った文章に足りないもの……123

スキルの前に、ツールの助けを借りる……129
テキストデータは絶対に自動バックアップ……137
集中できる時間をどうつくるか……142
「仕事が遅い」と思わせないテクニック……148
書き続けるほどに自由になれる……153

第3章 無理しないお金との付き合い方

フリーランスの税金は会社員より重たい……160
社会保険料の負担は増えるのに、もらえる年金は減る……164

違法な脱税ではなく、節税に取り組む……168
必要経費を漏れなく申告する……173
青色申告で毎年65万円分の利益を無税に……177
お金まわりの面倒な処理はツールに頼る……180
家族に仕事を手伝ってもらって節税……184
30万円未満のモノを買うときの節税テクニック……187
ライターの特権「平均課税」を使いこなす……190
開業届の職業欄に「文筆業」と書くべき理由……194
収入が増えたら社会保険料対策を……196
年収1000万円を超えたら法人化すべき？……200

老後資金準備は節税を兼ねて……205
毎月400円払うだけで、年金を増やせる……208
使い勝手の良さが魅力の小規模企業共済……211
お金を増やすなら、まずNISAのつみたて投資枠……214
老後資金準備の総仕上げはiDeCoで……217
自分を高く買ってくれるクライアントと向き合う……221
インボイス制度への対応はこう考える……224
フリーランスを守る法律を知る……229
お金がないときは遠慮せず公的支援を頼る……232

第4章

自分でメンタルを整える

自分の面倒を見るのは自分だけ……238
やりたいことと、やりたくないことを分ける……242
朝に理想的なスタートを切る……246
スケジュールに余白をつくる……251
仕事が途絶えたときにとれる行動……256
お金の不安を軽くする方法……259
フィードバックに落ち込まない……264
コンテンツはバズってもいいが、自分はバズらせない……267

孤独にならない居場所をもつ……272
人間関係の悩みをなくすには……276
他の人と自分を比べない……279
おわりに……282

第1章

自分の立ち位置を見つける

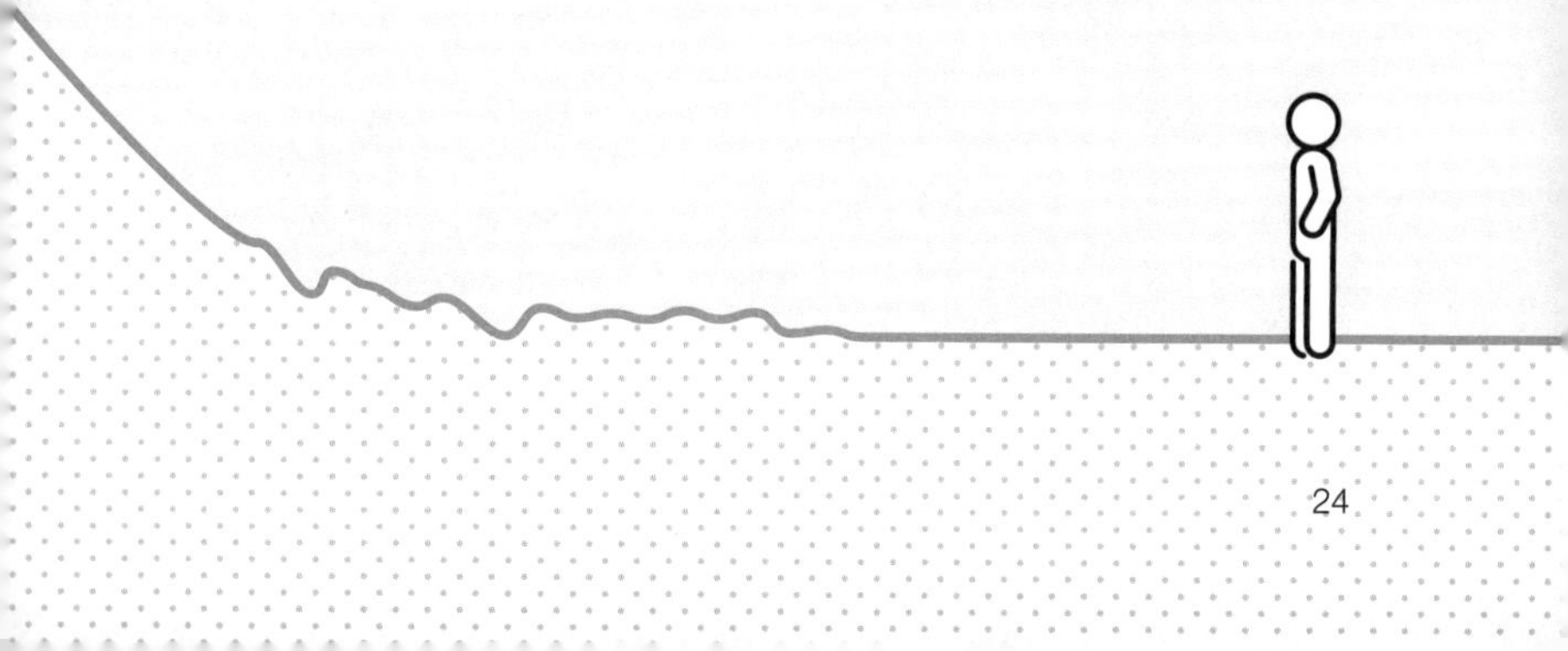

独立してフリーランスになろう！と思ったとき

まずやるべきこととは何でしょうか。

「会社員時代と同じだけの稼ぎを得るために

とにかく仕事量を増やそう」

このような考え方では、すぐに立ちゆかなくなります。

また、自分がやりたいことと

自分に求められることは、往々にして違うことも多いのです。

売り物としての自分を育てるための基本は、

自分の強みを理解すること。

「これなら食べていけるかもしれない」という自信を得ると

状況が面白いように変わっていきます。

前向きに、かつ戦略的に、最初の一歩を踏み出しましょう。

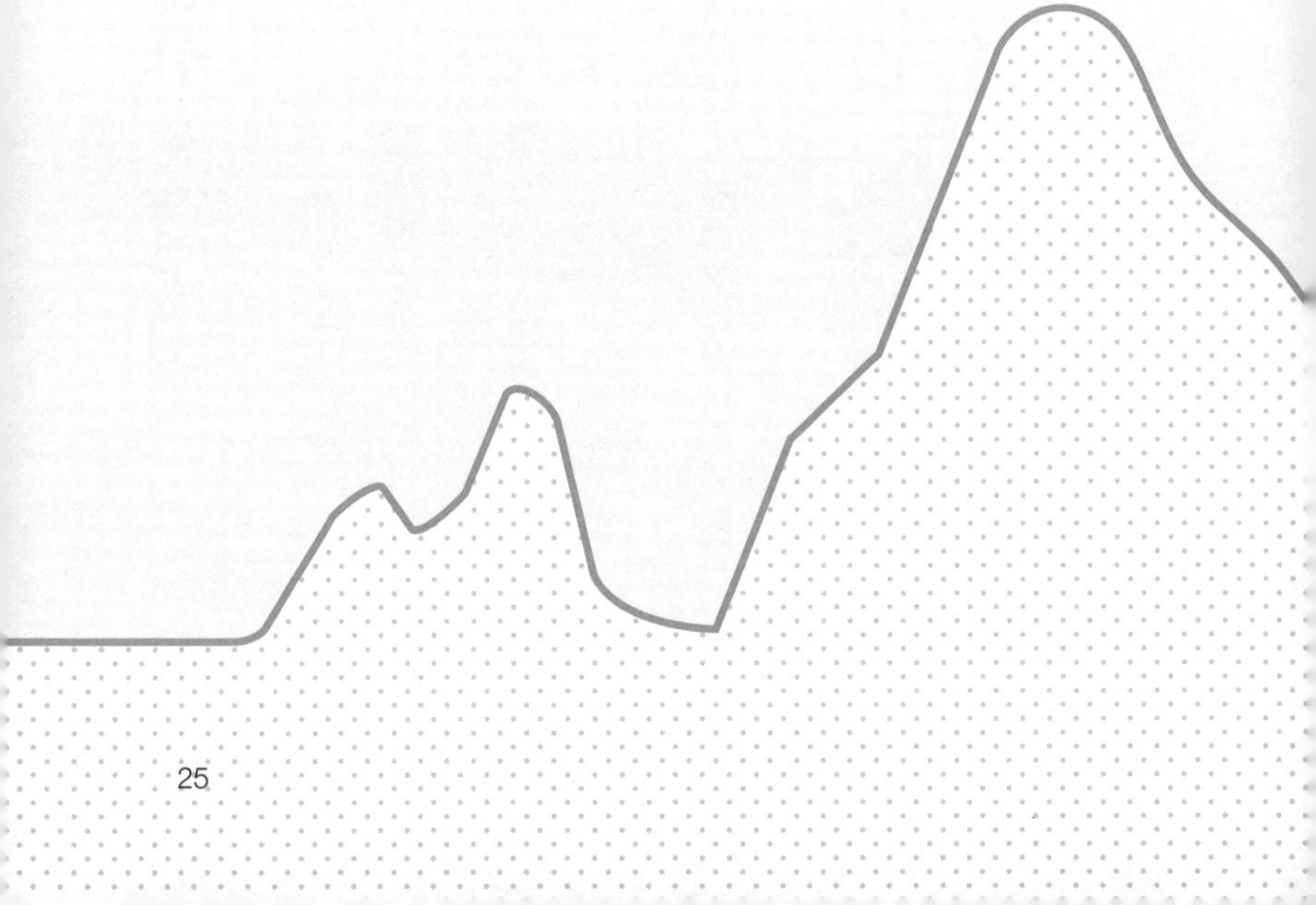

副業で売り物としての自分を育てる

フリーランスとして食べていくには、〝売り物〟としての自分を育てていく必要があります。

後の章で解説する、書く力、お金の知識、メンタルの整え方も大事なのですが、やはり売り物としての自分をクライアントに見つけてもらい、受注しなければ何も始まりません。

そこでこの章では、僕が独立をして何とか売り物になるまでのプロセスを、反省も交えてお伝えしたいと思います。

売り物としての自分を育てるための基本となるのは、「自分の強みを理解する」ことにあると僕は考えています。人よりも優れた強みがどこにあり、どうやって見込み客にアピールするかを知ることが大事です。

その意味で、ぜひ独立前からやっておきたいのが副業です。

独立してやろうとしている仕事を副業で経験すると、次のようなメリットが期待できます。

・実際の仕事の流れを知ることができる
・独立後に役立つ人脈をつくることができる
・自分のスキルが通用するかを知ることができる
・どれくらいの収入を得られるかを知ることができる

これら4つをいきなり独立してやろうとすると、失敗するリスクが高まります。独立後、金銭的・精神的な不安が長く続くことを覚悟しなくてはいけません。

第3章で解説しますが、サラリーマンからフリーランスになると収入が不安定になるうえ、税金・社会保険料の負担も増える可能性が高いので、大きな不安を抱えることになります。そこで、いきなり安定した仕事を捨てる前に、「自分が売り物になるのか」を副業で試しておくことをおすすめします。

公務員からのキャリアチェンジで直面したハードル

と言いながら、僕自身は副業ができない国家公務員だったので、独立に踏み切るまでに時間がかかりました。

公務員の副業は、不動産賃貸や農業など若干の例外を除き禁止されています。小説を書くことは認められるケースがあるようですが、ライターの仕事で金銭を得ることは許されません。ましてや僕が勤めていたのは国税局ですから、こっそり副業をしようとしても、マイナンバーなどの情報から副業収入があることは絶対にバレてしまいます。

副業ができないと独立後の収入の目処がまったく立たず、しかも公務員は失業保険をもらえないので無収入を覚悟しなくてはいけません。世間的には安定していると思われている公務員ですが、キャリアチェンジの可能性を考えると色々と不利な点があるのです。

副業を経験できないということは、独立について家族や上司を説得するための重要な材料を失うことを意味します。

僕は、ライターの仕事を一度も経験しない状態で、家族や上司にライターとして独立したいことを打ち明けたのですが、もちろん反対されました。

専業主婦として小さな息子2人の子育てをしていた妻から、「独立してやっていけるの？」と聞かれても、僕は何も答えることができません。一般企業への転職であれば収入の見込みを説明できたのでしょうが、僕がなろうとしていたのはフリーランス。確かなことは何も言えませんでした。

母子家庭で育ててくれた実母の反対はとくに強く、「息子が正気に戻るように」と毎日のように仏壇にお祈りをしていたそうです。遠く東京で公務員をしているはずの長男が、いきなり30歳を過ぎて仕事を辞めると言い出したわけですから、母の反応も仕方のないことです。

職場の上司には個別面談の場で独立したいことを話したのですが、「冷静になりなさい」と諭されました。僕が家族を抱えていることから、「子育てにはお金がかかるんだよ」と言われ、それ以上反論できませんでした。何か仕事に対して不満を抱えていたのならまだしも、特段の不満はなく、むしろ仕事環境は恵まれていると感じていたので、どうすれば上司に納得してもらえるのかわかりません。

結局、独立なんて叶わない夢なのかもしれない。

おとなしく公務員を続けておくべきなのだろうか。

ブックライター塾を卒塾して2年ほど経っても状況は何も変わらず、こんな風に諦めかけた頃、突然転機が訪れました。

ある日、ブックライター塾の同期がFacebookグループで、あるメディア編集長のトークイベントの情報をシェアしていたことに気づき、何となく参加することにしました。

対談の後、僕は登壇されていた編集長の方と名刺交換をする人の列に並び、少しだけご挨拶をさせていただいたのですが、後日イベントの感想を個人ブログに書いて編集長さんにメッセージでお知らせしたところ、「一度オフィスに来ませんか」と招待していただきました。

そして、オフィスでお会いしたその日に、「ライターとしてうちで書いてほしい」とのお話をいただいたのです。その会社は、企業や官公庁への取材やライティングを多く手がけていたため、僕の公務員としてのバックグラウンドを買ってくださったようでした。

僕にとって初めてのライター仕事のオファーだったので非常に嬉しかったのです

が、公務員には副業禁止という高いハードルがあります。

そのことを正直にお伝えすると、「じゃあ、副業にならない形でやってみましょう」と提案していただきました。つまり、僕個人に報酬が発生しないボランティアで、記事を書いたり、取材に同席したりする機会をいただけることになったのです。

自信がつくと、周囲の状況が面白いように変わった

それから、週末や有給を使い、ライターの仕事を経験させてもらう日々が始まりました。最初はプロのライターがインタビューをする現場に同席したり、インタビュー音源の文字起こしを担当したりしながら、まずはライターの仕事の流れを学びました。その後、実際にインタビューの現場で質問を任せてもらったり、記事を書かせてもらったりするようになり、ライターの仕事をひととおり経験できました。

何よりありがたかったのが、僕が書いた記事に、プロの編集者が赤字を入れてフィードバックしてくれたことです。プロの視点からの指摘を受けて原稿の修正を行うことで、自分のライティングスキルが向上するのを実感できました。

この経験は、家族を説得する際にネックとなっていた金銭的な不安の解消にもつながりました。

僕に経験を積ませてくれた会社では、報酬に段階を設け、ライターの能力に応じて決めるという珍しい方式を取っていました。僕の場合、最初は「1記事6000円」だったのですが、何度か記事を書かせていただくうちにランクが上がり、「1記事2万7000円」のご評価をいただけるまでになったのです。

「これなら食べていけるかもしれない」

そのように自信がつくと、周囲の状況が面白いように変わっていきます。

独立に反対していた家族は、ある程度の収入の目処が立ったことを伝えると少しずつ応援してくれるようになりました。人事異動で新しく来た上司に相談すると、「あなたくらい若かったら、私も独立したかった」と笑いながら受け入れ、「まだ退職予定日まで時間があるから、やっぱり今の仕事を辞めたくないと思ったらいつでも撤回しなさい」と逃げ道までも用意してくれました。

フリーランスとして生きていくうえで、最初のハードルは独立すること自体にあります。このハードルを低くするために副業を経験することは間違いなく役に立ちます。

僕のように副業ができない仕事をしている人もいると思いますが、そんなときは副業にならない形で独立後の仕事を経験できる方法を探してみてください。僕が知っている、カフェを開いた元国税職員のご夫婦も、在職中は週末にボランティアでカフェの仕事を手伝っていたそうです。

こうした形で得た経験や人のつながりは、独立という人生の一大決心を後押しし、独立後の成功確率を高めてくれます。何より、独立前に「自分は売り物になる」という自信をつけておけば、独立後の不安定な時期にきっと支えとなってくれるでしょう。

「ライターとして努力」だけでは食べていけない現実

2017年7月10日。僕は東京国税局職員として最後の日を迎えました。

その日は国税局の定期人事異動の日でもあり、僕は他部署へ異動していく職員に交じって、勤務していた東京国税不服審判所の庁舎を出たのですが、向かうべき異動先はありません。空いている平日の電車で自宅へと向かう途中、言い知れない寂しさが湧いてきました。

そのような感情も、その翌朝には独立したことの喜びのほうが勝るようになっていました。もう毎朝スーツを着て満員電車に乗らなくていいし、休みを取るのに上司にお伺いを立てる必要もない。時間や場所にとらわれない、自由な働き方が現実になったことを感じ、未来は希望に満ちていました。

ところがそんな解放感は長く続かず、だんだんと僕は現実の厳しさに直面するようになります。ある程度予想はしていたことですが、僕の収入は国税職員時代に比べて大きく減ってしまいました。

知人から斡旋された仕事の落とし穴

独立をして間もなく、知人から食事に誘われたときのことです。ライターとして独立したことを話すと、「じゃあ、お願いしたい仕事があるんだけど、記事を書いてくれない？」と言われ、僕は快く引き受けることにしました。

そのときの条件は「30記事を1万円で」というものだったので、てっきり「1記事1万円だから、30記事を書けば30万円だな」と皮算用をしていたのですが、後から知ったのは、2000字程度の記事を30記事納品して1万円をいただけるという条件……つまり1記事に換算すると300円ほど。

そのことを知った僕は、「こんなひどい条件はあり得ない」と騙されたような気持ちだったのですが、やがて知人の設定した条件はそれほどおかしなものではないことを知ります。

2000字程度の記事で300円ということは、文字単価に換算すると0・15円。そうしたライティング案件は、クラウドソーシングサービスでライター向けの案件を見るといくらでもありました。

ちなみに知人から依頼されたのは、インターネットで拾った芸能ネタをまとめて記事にするというもの。このような、取材を必要としない、いわゆる「コタツ記事」は総じて報酬が低く、僕の知人も相場で依頼してくれただけだったのです。

とはいえ、この報酬ではどうしたって食べていくことはできません。実際、その30記事を書くのに2週間程度かかったので、これを月給換算しても2万円しか稼げない計算です。

一人で行える仕事量には限界がある

フリーランスとして収入を上げようとして、最初に考えるのは仕事量を増やすことだと思います。人の2倍働けば、2倍収入を得られるという考え方です。僕も独立する前は、「食べていけそうになかったら仕事量を増やして何とかしよう」と安易に考えていました。

でも、当然ながら一人で行える仕事量には限界があります。

僕の独立前の収入は、ボーナスも含めて月給に換算すると60万円ほどでした。これを仮に文字単価0・5円で稼ごうとすると、120万文字を書く必要があり、これは書籍10冊分以上の文字数になります。そんな仕事量を1か月でこなせるライターは、どこにもいないでしょう。

収入を増やすには、仕事の量ではなく、仕事の内容を変えなくてはいけません。

どうすればライターの仕事だけで食べていけるようになるのか、より良い条件の仕事を取るにはどうすればいいのか。そんなことを、30記事1万円の仕事のおかげで真剣に考えるようになりました。

家族の入院で認識したフリーランスの不安定さ

「30記事1万円」の現実を知ってから、僕はインタビューが必要な取材案件に注力するようになりました。

独立前から付き合いのあった会社からは1記事3万円ほどの条件をいただけていましたし、どんな案件でも取材記事なら30記事1万円ということは絶対にないので、収入を増やせると思ったのです。

幸い、独立前からつながりのあった複数のメディアからご依頼があり、AIやVRのような当時最先端のビジネスや、おいしい紅茶の淹れ方、新築物件のお宅訪問レポートのような身近なものまで、さまざまな取材案件を得ることができました。その結果、コンスタントに毎月30万円ほどの売上を得られるようになります。

この売上は未経験で独立したばかりのライターとしては悪くないと思いますが、家族4人の生活を守り、住宅ローンや奨学金を返していくには足りません。フリーランスにはボーナスも家族手当もないことを考えると、公務員時代に比べて手取り収入は相変わらず半分以下でした。

それに、取材案件の場合、時間がかかるという問題があります。

あるとき関西で娯楽施設がオープンするということで、埼玉から出張取材をして記事を書いたのですが、ほぼ一日かけて取材をして記事に仕上げた報酬が、交通費＋1万円ほど。

こうした仕事は面白かったのですが、「食べていく」という意味では継続するのは難しいことは明らかでした。

妻が緊急入院、仕事も家事も手いっぱいに

そんなとき、家族の入院という初めての事態に直面します。

取材先に出かけていたとき、インタビューが終わってスマホを見ると妻からの着信が数件入っていました。

その当時、妻は、三男を妊娠していたので定期的に妊婦検診を受けていたのですが、血圧に異常値があったということで緊急で入院をすることになったのです。

急いで取材先から病院に向かい、医師から説明を聞いたところ、「1週間ほどで退院できるでしょう」とのことでひと安心したのですが、その1週間が過ぎても妻の血圧は高いまま。入院期間は少しずつ延び、結局はそのまま2か月間、出産するまで続きました。

さらに、生まれてきた三男は1700gほどの低体重児だったので、出産翌日に他の市の病院に緊急移送され、NICU（新生児集中治療室）で処置を受けることになりました。それから約1か月の間、僕は車で往復2時間をかけて毎日母乳を届けに行くことになります。

僕も妻も地元を離れて生活をしているため実家を頼ることができず、妻と三男が入院している間は僕が家事をすべて行い、当時小学生だった長男と次男の世話も一人で行わなくてはなりませんでした。

このような状況で、取材案件を受けるのは不可能です。今はオンライン取材も一般的になりましたが、当時は直接会って話を聞くのが当たり前でしたから、僕は収入の柱だった取材案件が来ても断らざるを得なくなりました。

公務員の頃のように有給休暇はなく、**「働けない＝無収入」**になるということです。しかも医療費がどれくらいかかるかまったく読めず、今ある貯金だけで足りるのか心配で仕方がありません。

妻の看護や息子たちの世話をしている間、僕は常にお金のことが気がかりでした。家族の入院という初めての経験をして、僕はあらためてフリーランスの収入が不安定であることを思い知りました。

ちなみに後日談ですが、妻と三男は元気に退院することができ、今では三男が兄弟の中で一番活発な子に育っています。

お金の問題も、妻は高額療養費制度を、息子は乳幼児の医療費助成を受けることができ、医療費がかなり抑えられました。さらには退職前に念のために入っておいた医療保険があることを思い出し、そのおかげで家族の入院中に減った収入も何とか補えました。

「医療保険は無駄」という考えをメディアの記事やSNSなどで目にすることがありますが、僕は自分の実体験からそうは思いません。フリーランスになるとサラリーマンよりリスクが高まるのは間違いありません。リスクに備えるため、独立前に保険の保障内容を見直しておくとよいと思います。

「誰が書いたのか」が重視される時代

今思い返すと、独立した頃の僕は致命的な間違いを犯していました。

それは、**「元国税」という武器を積極的に使わずに活動しようとしていた**ことです。

昔の肩書きを使うことに違和感がありましたし、シンプルにフリーライターとして活動したほうが幅広い仕事をもらえると思っていました。それに、せっかく独立したのだから、税金とは関係ない仕事を経験したかったのです。

でも、実際に幅広い仕事はいただけたものの、結果的にフリーライターとしての収入だけでは食べていけず、家族の入院などのトラブルがあれば途端にピンチに陥る綱渡り状態になってしまいました。

「元国税」がライターとしての武器に

元国税をアピールするようになったのは、家族の入院が一段落した頃、知人の編集者さんからいただいた寄稿依頼がきっかけでした。テーマは確定申告で、僕にとっては「元国税」という立ち位置を明確にした初めての記事だったと思います。

その記事を公開した後、すぐにメディアのPVランキング1位となり、編集者さんが何度もメッセージで反響を教えてくれました。初日で10万PVを超え、その後数日はランキングトップが続いたと記憶しています。


その記事の反響を受けてか、他のビジネス系媒体からも「元国税として寄稿してほしい」との話が来るようになったのですが、提示された記事単価に驚きました。メディアによって報酬体系は異なりますが、少なくとも1記事2万円以上の提示をいただけたのです。ほんの少し前に「30記事1万円」の仕事を受けていたことを思うと、考えられないほどの好条件です。このほか、税理士や会計士など、専門家への取材案件の依頼も増え、高単価の案件をコンスタントにいただけるようになりました。

それまで積極的に使おうとしていなかった「元国税の肩書き」が、自分の武器になったことは疑いようもありません。

WELQ騒動が追い風に

当時のメディア業界に起きていた変化も、僕にとって追い風になったと思います。僕がライターデビューをする前年の2016年、WELQ騒動が起きていました。DeNAが運営する医療健康情報サイト「WELQ」を巡る一連の騒動のことです。他のウェブサイトから無断で情報を引用・転載していたり、不正確な情報だったり信ぴょう性の低かったりする情報が掲載されていたにもかかわらず、Googleなどの検索エンジンで上位表示させるSEO対策が施されていたことから多くの読者の目に触れ、社会に波紋を起こしていました。

この問題の発覚後、DeNAはWELQの全記事を非公開にし、他のキュレーションサイトも含めて10のメディアを閉鎖するまでの事態に発展します。さらにはWELQ騒動がGoogleの検索アルゴリズムにも影響し、より信頼性の高い情報源、具体的には「E-A-T」（専門性、権威性、信頼性）を重視するようになったといいます。

僕がライターになった2017年は、ちょうどWELQ騒動を受けてさまざまなメディアが運営方針を見直していた時期でした。そのため、「元国税のライター」

というポジションでの活動に力を入れた途端、主に税金関連の記事の寄稿や監修を求められるようになったのです。

クライアントに自分の立ち位置を示す重要性

あれから数年が経った今も、メディアは「誰が書いているか」という点を重要視していますし、ＳＥＯ的にも著者情報がますます重視されていると聞きます。独立してインターネット上で何かを発信しようとするなら、自分の立ち位置をきちんと示すことが大切なことは間違いありません。

ライターに限らず、フリーランスとして生きていくうえで、クライアントの目から見て際立った特徴がある人は強いです。

考えてみると、スーパーに置かれている商品は、お客さんに買ってもらえるだけの明確な特徴をもっていますよね。お客さんにはニーズがあるので、そのニーズに応えてくれそうな商品から売れていきます。

特徴が曖昧な商品は売れにくく、たとえば野菜売り場に、「じゃがいも」と、「何に使えるのかわからない野菜」が置かれていたら、やっぱりじゃがいものほうが手に取られやすいと思います。

じゃがいもにはじゃがいもとしての、レタスにはレタスとしての特徴があるように、**あなたの特徴をきちんと表現することで、クライアントから依頼を受けやすくなります。**さらには、「北海道産高級じゃがいも」のように際立った特徴で差別化できれば、より良い条件の仕事を獲得することができるでしょう。

営業が苦手でも「自分の売り」を決めれば大丈夫

フリーランスが仕事を獲得するうえで、営業をするのもひとつの方法です。

もしもあなたが積極的に見込み客に働きかけて、ニーズを探り出し、「仕事をください」と言える人なら、安定的に収入を得られると思います。

でも、僕自身は営業をすることが苦手です。公務員の頃は「仕事は上から与えられるもの」という環境だったこともあり、営業のやり方がわからずに独立してしまいました。そして今も、営業らしい営業はしていません。

フリーランスの仕事の取り方は色々で、僕の周りにも営業をガンガンやる人もいれば、営業は一切やらないという人もいます。僕としては、やれる人はやったほうがいいと思っていますが、営業が苦手なら別のやり方を考えなくてはいけません。何もしなければ仕事がなくなってしまいますので。

営業手法には「アウトバウンド営業」と「インバウンド営業」という2つのタイ

プがあります。

アウトバウンド営業は、自ら見込み客に売り込む営業で、まったく接点のない状態からアプローチするのが特徴です。テレアポや飛び込みなどに代表される方法ですね。

一方、インバウンド営業は、見込み客に自分を見つけてもらうのを待つ営業スタイルです。自分に興味をもってもらえるようなアピールをして、受注につなげます。

おそらく「営業が苦手」と感じている人は、アウトバウンド営業をイメージしているのではないでしょうか。ライターであれば、いきなり出版社やメディアのオフィスを訪ねたり、電話をかけたりして、企画を売り込むような方法がアウトバウンド営業ですが、こうした方法に抵抗感がある人は少なくないと思います。

営業が苦手な僕がとった手法

僕は営業らしい営業をしてこなかったと書きましたが、それはアウトバウンド営業の話であって、インバウンド営業にあたるものは自然と行ってきたように思います。たとえば次のようなことが、仕事の受注につながりました。

1. 特徴的な名刺を作る

独立してしばらく、名刺の肩書きに「フリーライター」としか書いていませんでした。

ある日、ライターの友人から「前の仕事のことも名刺に入れてみたら？」とアドバイスを受け、試しに「フリーランスライター（元東京国税局職員）」と表記してみたところ、効果はてきめんでした。

取材先や異業種交流会で僕が名刺をお渡しすると、「元国税なんですか⁉」と驚かれ、会話のきっかけになります。この名刺だけで仕事の受注につながったことも何度かあり、自著出版に至ったこともありました。

できればデザインも印象に残るものにしておきたいものです。僕は、名刺作成サイトの無料テンプレートを使ったのですが、あえて黒縁メガネの絵柄が入ったものにしたところ好評でした。実はこの名刺を作ったときはメタルフレームのメガネをかけていたのですが、友人から「メガネを名刺に合わせたら？」と言われて今は出先では黒縁メガネをかけています。

2. SNSで発信をする

自分のことを知ってもらううえで、FacebookやXなどの主要SNSアカウントは必ずもっておいたほうがいいと思います。

SNSのメリットは、自分と直接つながりのある人はもちろん、その関係者にも自然と認知してもらえることにあります。同じ業界内の人がSNSでつながっていることは多く、たとえば一人の編集者さんとSNSでつながると、その編集者さんとつながっている別の編集者さんにも自分の投稿を見てもらえて、仕事を獲得できる可能性があります。

ただし、SNSの発信のやり方を間違えると、かえってクライアントを遠ざける可能性があります。僕が心がけているのは、人を不快にするようなネガティブな投稿を控えること。とくに、誰かを批判するような内容の投稿はしません。

仕事を依頼する立場になって考えると、やっぱりポジティブな発信をしている人のほうがお願いしやすいですよね。僕は仕事を発注する側になることもあるのですが、SNSでたびたび仕事の不満や政治家などへの批判的な投稿をしている人には依頼を躊躇してしまいます。

また、仕事だけのことを発信していると宣伝の色合いが強くなるので、この点も要注意です。時にはプライベートな話題を入れたり、自分の気持ちをつぶやいたりすると、親しみやすさが出てくると思います。

3. ホームページを作る

僕の新規クライアントからの受注は、9割以上がホームページ経由です。雑誌などからインタビューやコメント依頼を受けるときも、自著の出版依頼や講演依頼も、ほぼホームページの問い合わせフォームから来ます。

SNSがあればホームページはいらないと思う人がいるかもしれませんが、企業の多くは今もメールでのやりとりがほとんどです。名の知られている企業であればあるほど、メールがベースになるという印象です。

別にホームページのデザインに凝る必要はないですし、広告収入を狙うのでなければPVが少なくても構いません。でも、あなたの名前を見込み客が検索したときに、少なくともすぐにホームページを見つけ、メールを送ってもらえる状態は整えておきましょう。

ただし、個人のメールアドレスをホームページ上で開示するとセキュリティ的な問題があるので、問い合わせフォームを設けるのがよいと思います。僕はＷｏｒｄＰｒｅｓｓでホームページを作成し、Ｃｏｎｔａｃｔ Ｆｏｒｍという無料のプラグインで問い合わせページを作成しています。

4. 交流会に顔を出す

交流会も仕事を獲得するよい機会です。「自分はコミュニケーションが苦手だから」と躊躇する人もいると思いますが、とにかく行くだけ行ってみましょう。

僕も人見知りなタイプなのですが、独立前からライターや編集者さんが集まる交流会に呼ばれると必ず参加していました。それは今も同じで、お声がかかればさまざまな交流会に顔を出しています。

交流会に行けば、何かしら人とのつながりが生まれるものです。自分が口下手でも、会場には会話が上手な人がたくさんいるので、案外楽しく過ごせます。自分から話しかけることが難しくても、話しかけられるのを待つことはできますよね。

もし誰かに話しかけてもらえたら、名刺を渡して雑談をする流れになりますが、ここでも「アピールしないと」「仕事につなげないと」などと気負う必要はありません。

会話が苦手な人は、「自分の気持ちをうまく伝えられない」ということに悩みがちですが、気持ちなんて伝えなくても、聞かれた事実を答えるだけでも十分です。

「どんなお仕事をされているんですか?」→「ライターをしています」

「どんな記事を書いているんですか?」→「独立前は国税職員だったので、お金関係の記事を書くことが多いです」

こんなシンプルな受け答えだけでも、会話の流れで仕事の受注につながることは結構あります。できれば相手の方にも興味をもって、仕事の内容などを質問すると会話が広がりやすいです。

名刺交換後もつながりを保つには

名刺を交換したらＦａｃｅｂｏｏｋなどのＳＮＳでつながりをもっておくとベターです。お互いに連絡をとりやすくなりますし、日々の投稿から「この人はライターなんだな」「こういう仕事をやっているんだな」と認識され、何かの拍子にご依頼をいただけるかもしれません。

僕も独立前に交流会でつながっていた編集者さんから、５年以上ぶりにＦａｃｅｂｏｏｋでメッセージが届き、投資関係のブックライティングの仕事をいただきました。聞けば、僕がお金系の書籍や記事を書いていることを投稿で知り、依頼してくださったそうです。

たとえ人見知りで会話が不器用でも、出会った人と誠実に向き合えば、決して悪いようにはなりません。ぜひ無理のない範囲でインバウンド営業を取り入れ、好条件の受注獲得を目指してください。

大きなマインドマップを描ける分野を探す

自分の売りを考えるときは、それまでにやってきたことを整理しておくと役立ちます。

過去のキャリアはもっともアピールしやすく、独立した後もよく聞かれることなので、一度書き出して整理しておくといいと思います。独立して時間が経つと前職のことを忘れがちなので、ぜひその前に書き出してみてください。

自分のキャリアを整理すると、「自分が一番長くやってきたのはマーケティングの仕事だったな」といったように、キャリアに紐付く専門性が少し見えてきます。

ここでさらにやってほしいのが、マインドマップを描いてみることです。**マインドマップは、中心となるテーマやアイデアを中心に置き、そこから関連するサブトピックやアイデアを放射状に広げていくことで、情報を整理するための手法です。**

たとえばマーケティングが自分の専門性だと思うなら、マーケティングを中心に置いて、どこまで広いマインドマップを書けるかを試してみてください。

細かい知識よりも、扱う分野の全体像を把握する力

専門性というと「細かい部分まで暗記している人」という印象をもたれるかもしれません。でも今はインターネットなどで細かい部分はいくらでも調べられるので、暗記はそれほど求められていません。

細かなことを覚えている人よりも、自分の扱う分野の全体像をざっくりと摑めている人のほうが、仕事を得やすいと思います。

僕の場合、国税職員を13年間やっていたので、「税金」を中心にしたマインドマップをかなり大きく描くことができます。次のページのマインドマップは僕が描ける情報のほんの一部にすぎず、とくに実務で担当していた所得税と相続税のトピックであれば、いくらでもマインドマップを広げられます。

このようなマインドマップを頭の中にもっておくと、自分が対応できる仕事と、

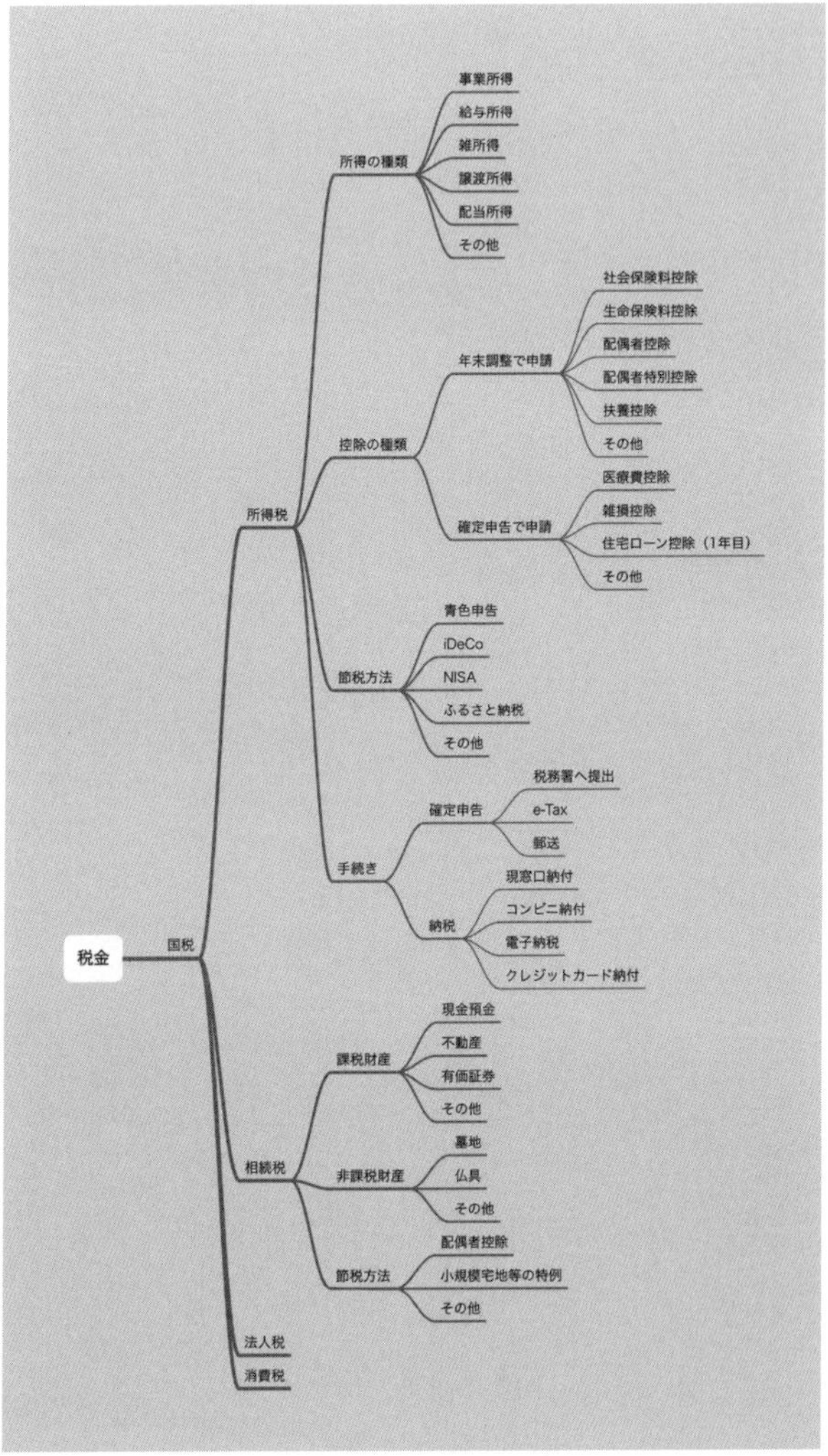
税金
国税
所得税
所得の種類
事業所得
給与所得
雑所得
譲渡所得
配当所得
その他
控除の種類
年末調整で申請
社会保険料控除
生命保険料控除
配偶者控除
配偶者特別控除
扶養控除
その他
確定申告で申請
医療費控除
雑損控除
住宅ローン控除（1年目）
その他
節税方法
青色申告
iDeCo
NISA
ふるさと納税
その他
手続き
確定申告
税務署へ提出
e-Tax
郵送
納税
現窓口納付
コンビニ納付
電子納税
クレジットカード納付
相続税
課税財産
現金預金
不動産
有価証券
その他
非課税財産
墓地
仏具
その他
節税方法
配偶者控除
小規模宅地等の特例
その他
法人税
消費税

力がおよばない仕事の線引きがしやすくなりますし、ライターであれば、インタビューや執筆のときに迷子にならなくて済みます。

僕は税理士のインタビューを任せられる機会が多いのですが、たまに話があちこちに飛ぶことがあります。そのようなときに、「相続税の話題から所得税の話題になったな」「これは申告の話ではなく、納税の話だな」といったことを即座に判断できるので、話を見失うことがありません。また、インタビューで出てきたトピックについて、マインドマップ上で近いトピックに話を広げることも可能になります。


これが自分の専門外のインタビューになるとそうはいきません。ライターになったばかりの頃、医師のインタビューをしたことがあるのですが、「これって肝臓の話だっけ、腎臓の話だっけ」と話の途中で何度も混乱してしまいました。

執筆の際も、書き手自身がその分野の全体像をざっくり理解していると、読者に「これって何の話?」と思わせないように書けます。ライティングのコツは次章で詳述しますが、わかりやすい文章を書くためには、まずはトピックを頭の中で整理できていることが大切です。

ということで、一度皆さんもマインドマップを描いてみてください。

税金でも健康でも美容でも、何でもいいので、「これなら人より詳しいかも」という分野で大きなマインドマップを描けたなら、そこにあなたのアピールすべき武器があります。

仕事を紹介してもらうための意外な条件

フリーランスの世界では「仕事の紹介を受ける」ことがよくあります。

僕が独立当初に受けていた仕事のおそらく9割以上は紹介ベースです。上阪徹さんのブックライター塾で得たつながりによって、塾で一緒に学んだ仲間や、懇親会でつながった編集者さんなどから多くの仕事を紹介してもらいました。

逆に僕から仕事を紹介することもあります。付き合いのある編集者さんから、「いいライターさんがいたら紹介してください」と言われることが多く、ご要望に合いそうな人を紹介してきました。

このように紹介を求められることが多いのは、発注側と受注側のマッチングが難しいからです。

編集者さんは、世の中にライターがたくさんいることはもちろん知っていますし、クラウドソーシングサービスのようなマッチングサイトがあることも認識しています。

ただ、膨大にいるフリーランスの中から、自分が求めるライターを見つけられずにいるのです。とくに好条件の仕事であればあるほど、募集が表に出ず、紹介によるケースが多くなるように思います。

ということは、紹介を受けられる可能性を高めると、それだけ好条件の仕事を獲得しやすくなりますよね。

その意味で大事になってくるのが、ブランディングです。

やはり、わかりやすい強みがある人は紹介を受けやすくなります。たとえば「健康系のライターを知らない？」と言われてすぐに思い浮かべられるような人は、仕事が途絶えないと思います。

前述したことと重なりますが、自分の強みを認識して効果的に伝えることこそが、フリーランスの基本戦略と言えるでしょう。

編集者から教わった、「強み」以外に必要なこと

自分の強みをアピールすることのほかに、意識しておきたいことがあります。強

みがあることは大事なのですが、それだけでは仕事の紹介を受けられないということを、僕はある雑誌の編集者さん（Rさんとします）から教わりました。

Rさんは、経験の少ないライターにチャンスを与えようとしてくださる奇特な方で、僕も独立直後から大変お世話になりました。

ある日、Rさんと雑談をしていたとき、「ライターさんが足りていないから、誰かいい人いませんか？」と聞かれたので、「どんなライターがいいですか？」と尋ねたところ、このような答えが返ってきました。

「一緒に取材先に行って恥ずかしくない人がいいです」

てっきりライターとしての実績や、特定のジャンルに精通していることなどを求められると思っていたのですが、「恥ずかしくない人」こそが、求めているライターだったわけです。

Rさんに話を聞いてみると、有識者や経営者などの著名人にインタビューをするのに、Tシャツ姿だったり、言葉遣いがぞんざいだったりするライターがいて、何度か恥ずかしい思いをされていたそうです。

このRさんの本音は、本質を突いていると思います。

フリーランスといえど、仕事の多くはチームプレイです。そして、仕事のゴールに向かって円滑に進むことこそが、クライアントが求めていることだと思います。ライティングの能力や専門知識であれば、ある程度は編集者がフォローすることができますが、その人の見た目や態度はフォローしようがありません。会社の名前を背負ってインタビューの現場に臨んでいる編集者さんにとって、「一緒にいて恥ずかしいライター」は、チームメイトとして絶対に避けたい存在なのだと思います。

僕自身、誰かに仕事を依頼するときは、人となりを気にします。もし、天才的な能力があるけれど態度が悪く感情的な人と、能力は普通だけど礼儀正しく情緒が安定した人がいたら、より多くの仕事を頼まれるのは後者になるでしょう。

自由であることと個性的であることは似て非なるもの

フリーランスは自由であることが魅力ですが、個性的な服装や態度で仕事を失うのは自己責任です。僕はそうしたくないので、ある程度TPOを意識しています。

僕自身の失敗談としては、独立したばかりの頃はインタビュー現場にスーツ姿で行っていたことでしょうか。税務調査のときの感覚で、「外の人と合うときはスーツ・ネクタイ」という感覚が染みついていたのです。スタートアップ企業やエンタメ施設などを取材したときには、明らかにスーツ姿は浮いてしまっていました。

今は、インタビューなどの仕事を受けたときは、事前にホームページで社員の方の服装を見るようにしています。社員の方が皆きっちりネクタイを締めているような会社なら僕もネクタイを締めますし、ビジネスカジュアルであれば、チノパンにジャケットという感じです。不安があれば編集者さんに相談しても良いでしょう。

余談ですが、独立してからというもの、ジャケットの便利さを実感しています。男性なら、とりあえず紺無地とグレー無地のジャケットを用意しておけば大半の場面に対応できます。フォーマルな場向けのウール素材のものと、出張時にカバンに放り込んでもシワにならない化繊素材のものがあれば万全です。

あとはビジネスの現場にふさわしい言葉遣い、態度を心がければ、安心して仕事を任せられるようになりますし、紹介を受ける機会も増えるはずです。

苦手だったインタビューは「税務調査メソッド」で解決

異業種からフリーランスにキャリアチェンジすると、初めての仕事に戸惑うことが多いと思います。

サラリーマンであれば上司や先輩がサポートしてくれるかもしれませんが、フリーランスになるとプロとして責任を一手に引き受けなくてはいけません。

そのため、「これはやったことがないから……」と、せっかくの仕事の依頼を断りたくなってしまうこともあるかもしれません。

そんなときは、無理矢理でもいいので、「今までの経験を、新しい仕事と結びつける」ということを試してみましょう。

独立した頃の僕は、「インタビュー」の仕事に苦手意識をもっていました。

「文章を書くことは好きだけれど、インタビューは経験したことがないし、自信がない」

僕はそう思っていましたし、フリーライターを目指す人の中には同様の悩みをもつ人が少なくないようです。

僕は社交的なほうではなく、どちらかといえば口下手です。

独立前に受講した上阪徹さんのブックライター塾では、上阪さんがインタビューをする様子を目の前で見せてもらったのですが、リズミカルな言葉のキャッチボールに感動すると同時に、「これは自分にはできそうにない」と感じたことを覚えています。

でも、プロのライターになった以上、いつまでもそんなことは言っていられません。そもそも僕がやりたかったブックライターの仕事はインタビューを行うことが前提の仕事ですから、何とか苦手意識を克服しなくてはなりませんでした。

公務員時代の経験が意外なヒントに

そこで僕はインタビューの苦手意識を払拭すべく、こんな風に頭を切り替えるようにしました。

「たしかにインタビューの経験は少ないけれど、税務調査なら何十回も経験をしている」

はっきり言って無理矢理なこじつけだと思います。

でも、このように「自分の経験」を「これから挑戦すること」と結びつけてみると、案外ヒントが見つかるものです。

税務調査の流れを整理すると、おおむね次のようになります。

1　情報収集をする
2　仮説を立てる
3　事実を知っていそうな人から話を聞く
4　情報を整理して事実を明らかにする
5　調査結果を決裁文書にまとめる

税務調査においては事前の資料収集がとても重要で、事前準備が9割と言ってもおおげさではありません。これはインタビューにおいても同様で、調べられる情報をあらかじめ把握しておくことで、インタビューで得られる情報の厚みが増します。

僕がインタビューで苦手意識を感じていたのは、「話を聞く」という部分ですが、税務調査で話を聞くことに苦手意識はありませんでした。質問を重ねて脱税の事実を聞き出したことは何度かあり、税務調査の成績を東京国税局長から2年連続で表彰されたこともあります。

そんな風に昔の経験を思い出し、「税務調査をうまくやれていたのだから、インタビューだってできるはず」と自分に言い聞かせるうちに、少しずつ苦手意識を払拭することができました。

相続税調査の忘れられないエピソード

国税職員時代に、先輩や上司から受けたアドバイスが、実はインタビューのときにも役立つということにも気がつきました。

たとえば新人職員時代、このようなことがありました。

相続税調査を担当していたとき、税務調査先のご自宅に伺う道の途中で先輩職員から「今日は○○口座の話をいきなりしないでね」と言われました。事前の情報収集で〇〇口座のお金のやりとりに不審な点があり、真っ先に聞きたかったことなのですが、先輩はそのことを聞くなというのです。

その先輩のアドバイスは、このような理由からでした。

・いきなり本題に入ると警戒されて話してもらえなくなる
・〇〇口座のほかにも申告漏れ財産があるかもしれないので、最初から話を狭めたくない
・〇〇口座のことは「記憶にない」と言われるおそれがあるので、他の質問をしながら自然に思い出してもらう

僕にアドバイスしてくれた先輩のように、長年税務調査を経験した職員は、いきなり本題に入ることはありません。雑談をして話しやすい空気をつくったうえで、だんだんと本題に入っていきます。そして自然に情報を聞き出し、申告誤りや脱税を見抜くのです。

ライターとしてインタビューを行う場合も、事前準備をしていると「これだけは聞かないと」という質問が出てくるものです。でも、その質問をいきなりしてしまうと、それ以上話が広がりません。

僕は税務調査とインタビューに共通点があることを認識してから、慌てず順を追って話を聞いたり、時には別の話題を振ったりしながら、より濃い話を聞けるように努めています。

今は独立当初のようにインタビューを必要とする案件に苦手意識はなく、一人に10時間程度のインタビューを行うブックライティングも数十冊手がけました。インタビューが得意とまで言えるかはわかりませんが、プロのライターとしてある程度は成長できたのだと思っています。


仕事のパフォーマンスは、自信に左右されます。初めての仕事に挑戦するときは不安になるのも当然ですが、自信をもつための材料を過去の経験から探してみてください。

それに、**依頼を受けている時点でクライアントからは「あなたならできる」と期待されている**のです。そのことにまず自信を持ちましょう。

最初の仕事を経験すれば、そのことが二度目の仕事をするときの自信になります。これを繰り返して、人はだんだんとプロになっていくのだと思います。

自分の本になるはずじゃなかった代表作

僕はこれまで、共著や改訂版も含めると11冊の自著を出しています。

このほぼすべてが、「元国税ライター」という自分の立ち位置に興味をもってくださった編集者さんからお話をいただいたものです。

ただ、僕に来た初めて出版の話は、少し事情が違いました。

最初に自著の企画を提案してくれたのが、サンマーク出版の梅田直希さんでした。彼とは最初に『すみません、金利ってなんですか?』(2020年)という本を作り、14万部のベストセラーになりました。梅田さんとはその後、『すみません、2DKってなんですか?』(2021年)、『僕らを守るお金の教室』(2024年)でもご一緒させていただきました。

『金利』は、僕にとって代表作とも言えるものなのですが、実はこの本は僕の著作になるはずのないものでした。

梅田さんと初めてお会いしたのは独立前のことで、共通の知人の編集者さんが開催した懇親会でお会いしました。

たまたま帰りの電車で梅田さんと一緒になり、そのときに「お金の初心者向けの本の企画を立てている」という話を聞きました。これが後に『金利』となる企画だったのです。

とはいえ、当時はもちろん自分の本になるとは想像もしていません。「独立してライターとしてお手伝いできることがあれば、よろしくお願いします」とだけお伝えして別れました。


その後はとくに連絡をとり合うことはなかったのですが、僕が独立して半年ほど経った頃、梅田さんから突然メッセージが届きます。「例のお金の本の企画について、話を聞きたい」とのことで、当時高田馬場にあったサンマーク出版のオフィスで梅田さんにお会いすることになりました。

そこで、「本の企画を受けてくれる著者が見つからないので、小林さんの本にしたい」というご相談を受けたのです。

「お金の専門家」がことごとく断った企画

この一連の経緯は『金利』のまえがきに梅田さん自身の言葉で書かれていますが、著者候補として声をかけたお金の専門家からことごとく難色を示されたそうです。

というのも、『金利』は、お金のことがまったくわからないまま大人になったことに危機感を抱いた梅田さんが、切実な思いから「世界一基本的なお金の本」というコンセプトで企画を立てたものでした。

そのため梅田さんの疑問を企画のベースとし、「金利は良いものか？」「ＡＴＭの『お預入れ』の読み方は？」といった超初心者向けのトピックを扱おうとしたところ、お金の専門家から難色を示されたというわけです。おそらく、お金の専門家の方々が自著としてイメージしている本の内容と合わなかったのでしょう。

そうして困った梅田さんが、「そういえば国税を辞めてライターになろうとしていた人がいた」と思い出し、僕に出版の話が来たというわけです。

その話を提案されたときは驚きましたが、僕にはお金の専門家としてどう見られたいという意識はありません。そのため、「僕でよければ」という気持ちでお引き受けすることにしました。

少し戸惑ったのは、本の内容がかなり多岐にわたっていたことと、『すみません、金利ってなんですか？』というタイトルそのものでした。

僕は元国税職員なので税金には詳しいですが、この本にある金利や保険、銀行といったトピックは実務でほとんど扱っていません。本のタイトルを見ると、ある程度お金の知識がある人なら、「なぜ国税の人が金利の本を？」と疑問に思うでしょう。

でもそうした気持ちはありつつも、最終的に梅田さんのセンスにお任せすることにしたところ、想像を超える売れゆきとなりました。

著書10万部突破ですべてが変わる

『すみません、金利ってなんですか?』を発売したのは、2020年3月のことです。日本がまさに新型コロナウイルスの脅威に襲われ始めた頃で、本が発売されて間もない4月7日に政府は緊急事態宣言を発令する事態に。外出自粛が呼びかけられ、商業施設の休業が始まったことで、多くの書店も閉められました。

リアル書店が閉まれば、読者に本を知ってもらう機会が減ってしまいます。昨今はAmazonなどオンラインで本を買う人が増えていますが、最初に本を知るきっかけはリアル書店ということは多いので、著者としては気が気ではありません。

ところが、そうした僕の心配とは裏腹に、本は次々と版を重ねていきます。梅田さんから重版を知らせるメッセージが頻繁に届き、2刷、3刷……と重版が続いて、その年に18刷になりました。電車内に本の広告が大きく展開され、書店に立ち寄ると自著がランキングトップの場所に置かれていることもあり、とても不思議な気分でした。

本の反響は僕の環境を一気に変えました。

ひととおり主要な経済メディアで記事を書かせていただきましたし、番組出演やセミナーの依頼が来るなど、仕事の幅が大きく広がりました。本を出す前から元国税ライターとしてある程度ブランティングはできていたと思いますが、出版で一気にブーストがかかったような形です。

金銭面のインパクトも大きく、まとまった収入によって大きな安心感が手に入りました。

本の印税は契約次第ですが、やはり10万部を超えるレベルになると大きな収入になります。夢の印税生活と言えるほどではないにせよ、少なくとも1、2年は生活できる収入が入ったことで、「これでしばらくフリーランスを続けられる」とホッとしました。

「本を出したい」人に意識してほしいこと

出版はなかなか狙ってできるものではありませんが、やはり自分の強みをアピールして、より多くの人に知ってもらうことが基本になると思います。そして、自分の強みにプラスして、文章を書く力を身につけることで、より出版を実現しやすくなります。

最近は「本を出したい」という人から相談を受けることも増えてきました。そこで気になるのは、「自分の主張をわかってほしい」「自分を知ってほしい」ということばかりに意識が向いている人が少なくないことです。

小説などは違うかもしれませんが、**ビジネス書の基本は「誰かの課題を解決すること」ということにある**と僕は思っています。

「金利」の本は、梅田さんの課題を解決することがベースにありました。今お読みいただいているこの本も、フリーランスとして生きていきたい読者の皆さんの悩みを解決したいと思いながら書いています。

ビジネス書を出したい人は、自分の強みを使って誰かの課題を解決していけば、その先に本を出す未来が訪れるかもしれません。そこでカギとなるのは、他人の目から見た自分の強みを見つけることです。

「自分がやりたいこと」よりも「人から頼まれること」

フリーランスになって日々感じるのが、「自分の可能性は他者によって開かれる」ということです。

僕の場合、最初は「未経験のライター」という自己認識でしたが、ご依頼を受けるうちに自分の強みがわかるようになってきました。そして、さまざまなご依頼にできるだけお応えしようと努めてきた結果、活動の幅が広がりました。

最初に自著を出したときも、テレビ番組に出演したときも、「自分でいいのかな」と思ったものです。それでも挑戦したら、その経験が自信となり、新たな仕事にも挑戦しやすくなっていきました。

自分の目から見える自分と、他人の目から見える自分には、違いがあります。

1955年にアメリカの心理学者ジョセフ・ルフトとハリー・インガムによって開発された自己理解のためのツール「ジョハリの窓」では、自己と他者の認識を4

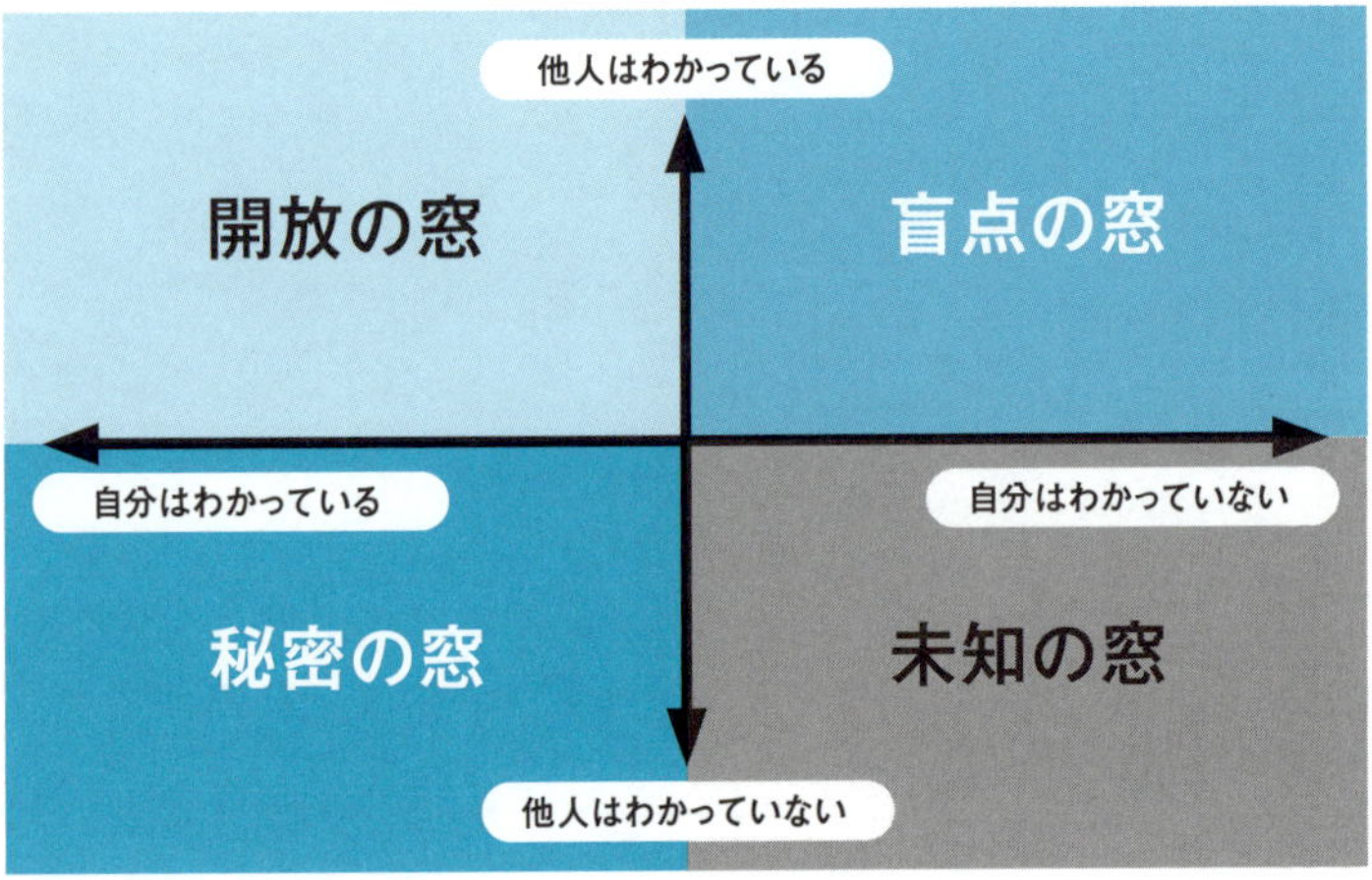

▲ https://www.kaonavi.jp/dictionary/johari/より

つの領域（窓）に分類しています。

このジョハリの窓は自己認識を深めるツールとして活用されていますが、フリーランスの仕事を広げていくうえでもひとつのヒントになります。自分が考えている自分はあくまで一部分でしかなく、他にも「売り物」となるような強みが潜んでいるかもしれません。

人からの期待に応えることの大切さは、ライター業の師匠である上阪さんから教わったことでもあります。

上阪さんは、ライターになりたくてなったわけではなく、勤めていた会社が倒産して、やむを得ずライターになったと聞きました。そこで挫折を経験した上阪さんは、「自分のためではなく人のために仕事をしよう」と決めたときから、人生が大きく開かれたそうです。

僕はライターとしてさまざまな業界で活躍されている方をインタビューしているのですが、大きな成功を収めた人ほど、「人のため」という気持ちが強いという印象をもっています。

ここまで、自分の強みを生かしてフリーランスとして「売り物」になることをおすすめしてきました。この強みは自分だけで見つけられるものではなく、他者から見える自分を理解する必要もあります。何しろ、仕事を依頼してくれるのは他者なのですから。

そして、人から見える自分の強みを理解する簡単な方法は、「人から頼まれること」にあります。**何かを頼まれるということは、あなたがそれに対応できると思われている証拠**だからです。

「強み」のハードルを下げて考える

「自分には武器になるような強みはない」と思う人は、もっとハードルを下げてみましょう。

フリーランスとして仕事をするうえでは、トップクラスの強みが必要なわけではありません。僕にしても、自分よりもお金に詳しい人はいくらでもいることは自覚しています。

強みの尺度が1点から10点まであるとして、一般的な人のレベルが1点で、自分のレベルが5点だとしましょう。このとき、「10点の専門家」を見て自信をなくす人がいますが、それはナンセンスです。5点の人も、1点の人を助けられる力を持っているわけですから。

それに、誰もが10点の人を頼りたいわけではありません。野球を初めて習うときにいきなり大谷翔平選手から教わろうとする人がいないように、人にはそれぞれにふさわしい役割があります。その役割こそが、フリーランスとして続けるべき仕事なのです。

働き方を考えるとき、「自分がやりたいこと」をベースに考える人は多いと思いますが、それだけを軸にすると色々な面で難しくなるおそれがあります。

人の気持ちは変わりやすいものです。仕事でも趣味でも、一度はやりたいと思って始めたのに、いつの間にかやりたい気持ちが薄れることがありますよね。それに、自分がやりたいことを仕事にしようにも、人から評価される保証はどこにもありません。その仕事でお金を稼げなければ、やがて辛くなってくるでしょう。

でも、「人から求められること」をベースにしていれば、大きく外すことはないと思います。これを続けていると、だんだんと「売り物」としての評価や自信が高まり、仕事のやりがいになっていくでしょう。

そしていつかは、「自分がやりたいこと」と「人から求められること」がうまく重なり、理想的な働き方に近づけるのだと思います。

第2章

自由になるための書く力

文章に苦手意識がある人にこそ
この章を読んでいただきたいと思います。

武器となる強みをブーストしてくれるのは
「書く力」です。
ライターはもちろん、そうではない人にとっても
今の時代のフリーランスには不可欠なものです。
「書く力」といっても、小説家のような文章力が
求められているわけではありません。
大切なのは、人に理解してもらえる文章を作成することです。
わかりやすく書くためには、
たった3つのポイントを押さえればいいのです。

文章は、書けば書くほど資産になります。
新しい仕事、新しい収入をもたらすツールとして
あなたの強い味方になってくれます。

わかりやすい文章を書くためのたったひとつのコツ

武器となる強みを見つけたら、これに「書く力」を掛け合わせることで、さまざまな可能性が開かれます。

ライターを本業にしたい人はもちろん、そうではない人も、文章を書く力を身につけておいて損はありません。テキストによる発信力を高めることで、あなたのことを、より多くの人に知ってもらえるからです。

アーティストの村上隆氏は、著書『芸術起業論』（幻冬舎）の中で、「文章に気を配るのは最低限のマナー」とし、英語のカタログを作成する際は推敲に推敲を重ねていることを明かしています。アートのようなハイコンテクストな分野においても、多くの人に理解されるヒット作を生み出すためには、言語化が重要であることがわかります。

では、「書く力」とは、具体的に何なのでしょうか？

これは人によって意見が異なると思いますが、僕は**「人に理解してもらえる文章を作成する力」**と捉えています。なぜなら、書き手から読み手にきちんと情報が伝わることこそが、文章の一番の役割だと考えているからです。

「人に理解してもらえる文章」を書くために

僕が「人に理解してもらえる文章」を意識するようになったのは、それがまさにクライアントに求められていることだと自覚したからです。

ライターになってから何度か、「文章が読みやすい」「どこかでライティングを習ったんですか？」と褒めていただくことがありました。

独立したばかりの頃は、「お世辞かな」と思っていたのですが、そのうちリピーターになってくれるクライアントが増え、自分の文章の価値は「わかりやすさ」にあると自覚するようになります。

ただ、何か特別にライティングを学んだわけではありません。大学は商学部でしたし、ライター向けの講座として通ったのは上阪徹さんのブックライター塾だけ。

文章読本をしっかり読んだわけでも、もともと文才があったわけでもないのですが、ひとつだけ思いあたることがあります。

それは、おそらくは**公務員出身者しか知らない、「公用文の書き方」をたたき込まれた経験がある**ことです。

公用文とは、国や公共団体が出す文書や法令のために用いられる文章のことです。そして、公務員が作成する文書は、基本的に「公用文の書き方」というルールブックに沿って作られています。

僕が東京国税局に勤務していた頃、税務署に出す指示文書などの文案を作成する仕事を担当していた時期があります。このとき、上司から何度も文章を直されながら公用文の書き方を学んだことが、今はライターの仕事で確実に役立っています。

公用文作成の考え方で、プロに必要な文章力の大半が手に入る

公用文の書き方を解説する書籍は多数販売されていますが、まずはインターネットで誰でも見られる情報から読んでみるとよいと思います。僕が現職時代に用いた

マニュアルとは若干違いますが、「公用文作成の考え方（建議）」と検索すると、文化庁のサイトで公用文の書き方について詳しく学べます。

ここに書かれている内容には、「わかりやすい文章」を書くためのヒントがたくさん詰まっています。僕もこの本を書くにあたって読み返してみたのですが、その実用性の高さに驚きました。公用文作成の考え方をマスターすることができれば、それだけでプロのライターとして必要な文章力の大半が手に入ると感じたほどです。

書く力を身につけたい人は、ぜひ一度、「公用文作成の考え方（建議）」（以下「公用文マニュアル」）を読んでいただきたいのですが、公務員の文章を読み慣れていない人にはとっつきにくい部分があるので、ここから僕なりにかみ砕いて解説したいと思います。

公務員式　読者に伝わる文章の3条件

お役所の文章というと「小難しくて読みにくい」というイメージがあるかもしれませんが、実は公用文の基本的な考えは真逆です。

そのことは、公用文マニュアルの冒頭に記載されている、次の「読み手に伝わる公用文作成の条件」が端的に示しています。

1　正確に書く

2　わかりやすく書く

3　気持ちに配慮して書く

公的な文書には、税金や健康、教育など、僕たちの生活を左右する情報が書かれています。そのため、読み手によって解釈が分かれるような書き方はできる限り避けなくてはいけません。読み手にきちんと情報を伝えることが公用文の最大の目的であり、そのために掲げられているのが、これら3つの条件なのです。

そして、この3つの条件を満たす文章を書くことができれば、仕事の幅は確実に広がります。なぜなら、あらゆるビジネスは売り手から買い手に価値を伝えようとしていますから、人に理解してもらえる文章に対するニーズは無限にあるからです。

「わかりやすく書く」ための3つのポイント

それでは、3つの条件の中身をもう少し詳しく見ていきましょう。

公用文における「正確に書く」とは、必要な内容を過不足なく伝えることを意味します。情報を書きすぎる文章も、逆に必要な情報が欠けている文章も、公用文としては失格です。

そのため、どのような文章を書くにしても、まずは事実をしっかり把握することが大事になってきます。情報を取るためのリサーチの方法は後ほど解説しますが、事実確認が曖昧なままで文章を書いてはいけません。

また、正確さが求められる一方で、「厳密さを求めすぎない」ことも公用文では望ましいとされています。たとえば、専門家同士でなければ通じないような専門用語やデータをそのまま使っても、一般読者には伝わりません。文章の正確性は維持しつつも、必要な情報を取捨選択する必要があります。

次の「わかりやすく書く」は、読み手が十分に理解できるように工夫することを指します。そのためのポイントとして挙げられているのが、次の3点です。

・伝えることを絞る
・難しい用語を避ける
・必要に応じて図表を使用する

気をつけたいのは、わかりやすさを求めるあまり、読み手が欲しいと思っている情報までも取り除いてしまうことです。そうすると文章として意味を成さなくなってしまうので、価値ある情報を残しつつ、わかりやすい表現にアレンジする必要があります。

(元の文章)

量子コンピュータは、量子重ね合わせと量子もつれを利用して計算を行う。

↓

量子コンピュータは特殊な計算を行う。

（情報を落としすぎた場合）

↓

量子コンピュータは、複数の計算を同時に行える特殊な性質を持つ粒子を使い、従来のコンピュータよりも高速に計算できる機械です。

（情報量とわかりやすさのバランスを取った場合）

最後の「気持ちに配慮して書く」ということも重要なポイントです。

公用文のルールでは、年齢差、性差、地域や国籍の違いによるバイアスを徹底的に避けることが求められています。外に向けて文章を書くなら、差別的な表現で読み手の気持ちを傷つけることは決してあってはいけません。

公用文マニュアルの例示によると、「年配の方でも簡単に申請できます」という表現はＮＧとされていますが、なぜだかわかりますか？

この文章には「高齢者は申請が苦手である」というバイアスがかかっていて、読み手によっては気を悪くするおそれがあるからです。したがって、「手続きに不慣れな人でも簡単に申請できます」といった表現に修正することが望ましいのです。

このような配慮は、昨今ますます重要になっていると感じます。不用意な記載からSNSなどでの炎上を招くと、「そんなつもりはなかった」と釈明しても取り返しがつきません。

どんな文章でも、外に向けて発信するときには、「読み手の気持ちに配慮できているか」を確認しておきましょう。

文章クオリティを高める13のチェックリスト

文法的な誤りも、文章を書くときには気をつけたいところです。公用文マニュアルの解説には、「文の書き方」として13項目の文法上の注意点が挙げられています。これらはすべて一般的なライティングでも役に立つものなので、順番に見ていきましょう。

1. 一文を短くする

文章が長くなると、読みにくい文章になります。そして、文法の誤りが起きるリスクが高まります。もし長くなってしまった場合は、どこかで切断して接続詞でつなぐことを考えてみましょう。一文あたりおおむね50文字以内を目安にするとよいです。

（例）

彼は朝早く起きて、ジョギングをして、朝食を食べてから仕事に行きましたが、途中で忘れ物に気がついて引き返したので、会社に遅刻してしまいました。

↓

彼は朝早く起きてジョギングをしました。その後、朝食を食べて仕事に行く途中、忘れ物に気がつきました。家に引き返したので、会社に遅刻してしまいました。

2. 一文の論点は、ひとつにする

ひとつの文章に複数の論点が含まれていると読みにくくなるので、分割して整理します。ひとつの文章に主語が複数ある場合も、文章を分割することで読みやすくなります。

（例）

当社の売上は前年比２００％の伸びを見せており、新製品の売れ行きが順調だ。

↓

当社の売上は前年比200%の伸びを見せた。この要因のひとつに、新製品の売れ行きが順調なことが挙げられる。

3. 3つ以上の情報を並べるときには、箇条書きを利用する

文章中で3つ以上の情報を列挙するときは、箇条書きにするとわかりやすくなります。もし項目の重要度に差があるなら、重要なものを先にもってくるのが望ましいです。

(例)
旅行の前に、飛行機のチケットの手配、パスポートの確認、ホテルの予約、現地の観光地のリサーチが必要です。

←

旅行の前に、以下の準備が必要です。
- パスポートの確認
- ホテルの予約

・飛行機のチケットの手配
・現地の観光地のリサーチ

4. 基本的な語順を踏まえて書く

公用文マニュアルでは、「いつ」「どこで」「誰が」「何を」「どうした」という順で書くと読み取りやすい文になると説明されています。ただ、僕の感覚では、主語にあたる「誰が」は最初に持ってきたほうが行動の主体がわかりやすくなると思います。主語の後、「いつ」「どこで」「誰と」「何を」「どうした」の順番で並べるとよいでしょう。

（例）
渋谷で昨日、山田さんは映画を友人と観ました。
↓
山田さんは、昨日渋谷で友人と映画を観ました。

5. 主語と述語の関係がわかるようにする

「主語（誰が）」と「述語（どうした）」が曖昧な文章は理解しづらくなります。日本語では主語が省略されることがありますが、誤解を避ける意味でも主語を明確にしておきましょう。

（例）

新製品の発表会で好評を博し、売り上げが急増した。

↓

H社が新製品の発表会を行ったところ、好評を博し、売り上げが急増した。

6. 接続助詞や中止法を多用しない

公用文では、接続助詞の「が」や中止法（文を切らずに続ける方法）を多用することを避けます。

(例)

当社では四半期計画が立てられたが、これに対して見積もりが甘いとの指摘があったが、役員の多くが差し戻すべきとの意見を出した。

←

当社の四半期計画が立てられた。しかし、これに対して見積もりが甘いとの指摘があり、役員の多くから差し戻すべきとの意見が出た。

7. 同じ助詞を連続して使わない

「の」「に」「も」「て」などの助詞が連続すると、稚拙な印象を与えるおそれがあります。

(例)

今年の山梨のぶどうのできばえは……

←

今年、山梨産ぶどうのできばえは……

8. 修飾語は長いものから示す

複数の修飾語がひとつの言葉に係るときは、長い修飾語から示したほうが理解しやすくなります。

（例）

彼は、古い友人が経営するカフェで、コーヒーを飲むのが好きです。

←

彼は、友人が経営する古いカフェで、コーヒーを飲むのが好きです。

9. 受身形をむやみに使わない

主語が曖昧な受け身形の文体は避けるのが基本です。受け身形で用いられる「れる」「られる」は、「〜できる」を意味したり、尊敬を表したりするので、読みにくくなってしまいます。ただし、「法律が制定された」のように、そもそも主語を示す必要がない場合は、受け身形を使ったほうがいいでしょう。

（例）
社長は、書類を渡されました。
←
佐藤さんが、社長に書類を渡しました。

10. 二重否定はどうしても必要なとき以外には使わない

「～ではないことはない」といった二重否定は、僕もつい使ってしまうのですが、気づいたら書き換えています。二重否定は否定しているのか、肯定しているのかわかりにくくなるからです。

（例）
彼はその提案を受け入れないことはないだろう。
←

彼はその提案を受け入れるだろう。

11. 係る語とそれを受ける語、指示語と指示される語は近くに置く

「主語と述語」「修飾語と被修飾語」などは、文中で近くに置いたほうが理解しやすくなります。

（例）

当社は新サービスを、新しい市場を開拓すべく、先端技術を用いた機能を搭載して、発表した。

←

当社は、新しい市場を開拓すべく、新サービスを発表した。このサービスは先端技術を用いた機能を搭載している。

12. 言葉の係り方によって複数の意味に取れることがないようにする

説明する言葉が、どの言葉に対応しているのか曖昧にならないようにします。句読点で文章を分けることで、言葉の対応関係がわかりやすくなります。

彼は外に出て走る少年を見かけた。
↓
彼は外に出て、走る少年を見かけた。
または
彼は、外に出て走る少年を見かけた。

13. 読点のつけ方によって意味が変わる場合があることに注意する

読点（、）を打つ場所によって、文の意味が変わることがあります。自分が意図したように読み手に伝わるよう、読点の位置を考えてください。

〔例〕

我が社は、データを活用して、ＡＩビジネスを行う企業に投資を行う。

↓

我が社はデータを活用して、ＡＩビジネスを行う企業に投資を行う。

または

我が社は、データを活用してＡＩビジネスを行う企業に投資を行う。

以上、公用文マニュアルに掲載されている13の注意点を解説しました。

この中で最初に押さえておきたいのが、「一文を短くする」というものです。実は一文を短くすれば自動的に解決できるものがほとんどです。

一文が長くなると、言葉の修飾関係が複雑になったり、主語がわかりにくくなったり、さまざまな問題が起きがちです。まずは一文を短くすることを意識してライティングをすれば、文章のクオリティが上がることうけあいです。

僕は、文法の誤りをチェックする際にソフトウェアの力も借りています。ＭｉｃｒｏｓｏｆｔのＷｏｒｄには校正機能があり、助詞の重複や誤字などをある程度チェックすることができます。

「言い切り」の文章にはリスクがある

「理解してもらえる文章」は、正しい情報が伝わってこそ価値があり、誤解を与えるものであってはいけません。文章を書くときは、「嘘をつかない」「誤解を与えない」ということを徹底することが大切。とくに注意したいのが、「言い切り」です。

文章の中で何かを言い切ると、読者から「そうとは言い切れないのでは？」と疑問をもたれるリスクが高まります。そのため、読者からのツッコミをあらかじめ予測し、先回りをして文章を書くように意識しておくことを僕は意識しています。

一例として、「確定申告の期限は3月15日」という文章について考えてみます。

これは一見すると間違いのない文章のように思えますが、ある程度税金に詳しい人が読むと、少しモヤモヤするはず。なぜなら、年によっては3月15日が土日祝日になり、確定申告の期限が後ろにズレてしまうからです。

このような問題は、次のように書き換えることで解決できます。

例

・令和5年分の確定申告の期限は、令和6年3月15日（金）です。
・確定申告の期限は、原則として毎年3月15日です。
・確定申告の期限は、毎年3月15日（休日の場合は次の平日）です。

言い切りを避けるための表現

言い切りを避けるための表現はいくつかあります。

使い勝手が良いのは、「原則として」「一般的に」「通常は」といった言葉です。複数のことをまとめて説明するときは、「等」も便利です。語尾に次のような言葉を使って、解釈の余地をもたせるテクニックも使えるでしょう。

・〜と考えられる
・〜のおそれがある
・〜の可能性がある
・〜と言えるだろう

ただし、このように言い切りを避ける表現を多用しすぎると、説得力に欠けた文章になってしまいます。言い切れるところはズバッと言い切って、そうではない箇所と書き分けることが大事です。

公用文マニュアルには、次のとおり読者の誤解を避けるためのテクニックが掲載されています。これらのテクニックも用いながら、「説明をぼかす箇所」と「しっかり説明する箇所」を書き分けてください。

〈曖昧な表現を避ける〉

「少人数が望ましい→3人以下が望ましい」のように、できるだけ具体的な情報を示すようにします。

〈参照情報を示す〉

根拠となる情報へのリンクを貼るなどして、必要な情報を読者が手に入れられるようにします。

〈遠回しな書き方は避ける〉

行間を読んでもらわなくてはならないような曖昧な書き方は避け、伝えるべき重要なことははっきり書きます。

〈専門用語や外来語をむやみに使わない〉

業界特有の言葉や言い回しは、読者に理解しやすい表現に書き換えます。説明や注をつける形でも構いません。

〈図表を用いる〉

文章で表現することが難しければ、図表を活用しましょう。白黒で印刷することも想定して、むやみに多色を使わないようにすると親切です。

ひとりでできる誤字脱字のチェック

このようなテクニックを使う以前の問題として、誤字脱字をなくすためのチェックも欠かせません。とくに紙の本や雑誌などは、誤字脱字を残したまま印刷されると取り返しがつきませんから、慎重に慎重を重ねる必要があります。

誤字脱字をなくすために僕が活用しているのが、パソコンやアプリに搭載されている「音声読み上げ機能」です。

国税職員の頃、重要な文章は2名の職員で読み合わせを行っていました。1人が文書を音読し、もう1人が文書をチェックするという方法のことです。読み合わせをすると必ずといっていいほど誤字脱字が見つかります。おそらく、目だけでチェックをしていると、無意識に読み飛ばしてしまうのでしょう。

今はひとりで仕事をしているので読み合わせはできませんが、パソコンやスマホの音声読み上げ機能で代用できます。

ＷｉｎｄｏｗｓにもＭａｃにも文章を読み上げる機能は搭載されていますが、ＷｏｒｄやＵｌｙｓｓｅｓ（後ほど説明します）などの文章作成ソフトの読み上げ機能のほうが便利です。読んでいる箇所を画面上で表示してくれるので、文章を目で追いながら音声で確認することで、誤字脱字を見つけやすくなります。

リサーチで正しい情報を取る

嘘や誤解を避けるための書き方をお伝えしましたが、正しい文章を書くためには、そもそも正しい情報を取ってこなくてはいけません。書き手自身が情報を誤って認識していると、どんな文章テクニックを使っても無意味です。

そのため、何かを書こうとするときは、インタビューや書籍、インターネットなどを使ったリサーチが大事になってきます。

リサーチで正しい情報を見つけるポイントは、できるだけ一次情報もしくは二次情報を見つけることにあります。一次情報と二次情報、三次情報に明確な区分はありませんが、僕はおおむね次のページの表のように整理しています。

僕が記事を書くときは、インタビューや現地取材で得た一次情報か、政府の統計情報などの二次情報をベースに組み立てることが多いです。

	意味	具体例
一次情報	自分の調査や体験によって得た情報	・自ら新商品を食べた感想 ・自ら調査や実験で得た情報 ・自ら収集したデータ
二次情報	他者が収集した情報や、既に公開されている情報	・新聞やニュース等の情報 ・政府等が公開している統計情報 ・専門家が執筆者や監修者になっている記事
三次情報	情報源が明確ではない情報。一次情報や二次情報を加工して作られる。	・SNSやYouTubeなどの情報 ・専門家が入っていない記事

三次情報は、一次情報や二次情報を加工したものが多く、情報が誤っているおそれがあり、著作権の問題もあるので、取り扱いに注意しなくてはいけません。

ただ、三次情報は使えないかというと、それは違います。三次情報は、情報をざっくりと把握し、一次情報や二次情報を見つけ出すために活用できます。一次情報や二次情報には、「必要な情報を見つけるのに手間がかかる」というデメリットがあり、これを三次情報が補ってくれるのです。

僕は税金関係の記事を書くことが多いのですが、信頼性の高い情報を得るには、やはり税理士の方にインタビューをしたり、法令や国税庁などの公開情報を調べたりする必要があります。

しかし、こうしたリサーチは手間がかかりますし、官公庁の情報は見つけづらいことが多いです。そのため、まずは自分がリサーチしたいことについて書かれた記事（三次情報）を探し、その情報をもとに、より信頼性の高い情報を探すというアプローチを取っています。三次情報であっても、情報の参照元が明記されていれば、一次情報や二次情報を見つける手がかりになるのです。

ちなみに、僕が執筆のためにインターネットの記事などを参照するときは、あまり中身を読み込むことはせず、引用元として示されている一次情報や二次情報を把握するにとどめています。これは、参照した記事の内容と中身がかぶり、著作権侵害などの問題が起きてしまうリスクを避けるためです。

他の人の記事をコピペすることがいけないことは言うまでもありませんが、意図せずとも内容が同じになってしまうリスクはあります。これを避けるためには、三次情報の確認だけでリサーチを済ませるのではなく、一次情報や二次情報を調べるクセをつけることが大事です。また、何か情報を引用したいときは、引用部分や出典をきちんと明示することも怠ってはいけません。

生成AIツールを活用する方法

最近僕は、生成ＡＩツールの『Ｐｅｒｐｌｅｘｉｔｙ』をリサーチによく利用しています。

ＣｈａｔＧＰＴなどの生成ＡＩツールは、質問したことに対して自然な回答を与えてくれる便利なものです。ただ、情報が古かったり、回答が誤ったりしていることも多く、ライティングの仕事に使うには難点があります。

Ｐｅｒｐｌｅｘｉｔｙも１００％正しい回答を示してくれるわけではないのですが、「回答の根拠としたサイトのリンクを表示してくれる」という点で優れています。Ｐｅｒｐｌｅｘｉｔｙの回答に、何か疑いがあれば参照元を検証することができるので、正確性を検証できるのです。

僕は、２０２３年秋にブックライティングの仕事でスペインに１週間ほど取材旅行に行きました。そこで現地の専門家にインタビューした内容を、後から原稿にまとめようとしたところ、細かい疑問点が出てきました。

たとえば、スペイン中央政府とバルセロナ市政府の関係や、税制や法律の枠組み、サグラダファミリアの入場料の推移など……。僕はスペイン語を読めないので、こうした情報をネット検索だけで見つけることは不可能です。

そこで困った末に以下の手順でリサーチをしてみたところ、必要な情報をあっという間に手に入れることができました。原稿について校閲者から参照元を求められたときにも、すぐに情報ソースを示すことができ、とても助かりました。

1 日本語で調べたい情報についての質問文を作る
2 AI翻訳ツールの「DeepL」で1を外国語に翻訳する
3 Perplexityに2を入力する
4 3で得た情報をDeepLで日本語に翻訳する
5 情報の正当性を、Perplexityに表示されている引用元をDeepLで翻訳して確認する
6 追加の疑問点が出たら、1～5を繰り返し行う

フォーマットがあると、すらすら書ける

メディアに寄稿する記事や書籍など、ある程度長い文章を書く場合、「構成」を考える必要が出てきます。

「構成を考えるのは面倒くさい」と思うかもしれませんが、むしろ**構成を考えることでライティングはスムーズに進むので、面倒くさい状況を避けたい人こそ構成を考えるべきなのです。**

また、読者にとって「理解してもらえる文章」を書くという意味でも、あらかじめ構成を考えてから書き始めたほうがよいです。

僕が独立前にライティングの経験を積んだ会社では、フォーマットに沿ったライティングをライターに課していました。インタビューで聞いた話がどんな内容であっても、必ず「起承転結」の順番で書くことを求められていたのです。

このフォーマットがあったおかげで、ライターとして未経験だった僕でも、スムーズにライティングを進めることができました。「インタビューの文字起こしを起承

転結に分ける」「適切な順序に並べて整理する」というように、ライティングの手順が明確になったことが良かったのでしょう。

あのとき、もしも「自由に書いてください」と言われていたなら、かえって困ってしまったと思います。

役に立つ4つのフォーマット

文章のフォーマットは数々ありますが、僕が意識的に用いているのは次の4つだけです。書籍のような長い原稿は別ですが、一般的な長さの記事を書くときはこの4つでほぼ対応できると思います。

〈時系列（起承転結）〉

インタビュー記事などをストーリー的にまとめるときは、時系列が基本になります。さらに、時系列を「起承転結」に当てはめ、導入から転換点、結末へとエピソードを並べると、最後まで読み進めたくなる記事になります。

1　最初に起きたこと（起）
2　1の次に起きたこと（承）
3　2の次に起きたこと（転）
4　3の次に起きたこと（結）

〈PREP法〉

PREP法は、効果的な文章構成やプレゼンテーションで使われます。PREP法のメリットは、読み手に話の要点を即座に理解させられる点です。ひとつの結論を中心に記事を展開したいときは、PREP法を使うとよいでしょう。

1　Point（ポイント・結論）
2　Reason（理由）
3　Example（具体例）
4　Point（ポイント・結論の再強調）

〈逆ピラミッド法〉

こちらは、大事なことから書き、だんだんと細かい話に移っていく構成です。「確定申告の解説記事」のような情報を網羅的に伝えるタイプの記事の場合、逆ピラミッド法は相性がよいと思います。

1　最も重要な情報
2　次に重要な情報
3　補足情報

〈ステップ〉

何かを行う手順を説明するときは、その手順どおりに説明します。ステップをあまり細かくしすぎず、4～6程度で整理するとまとまりがよくなります。

1　ステップ1
2　ステップ2
3　ステップ3
4　ステップ4

構成は、取材が終わった時点でほぼ決まる

文章を書くうえで構成を作ることが大事と説明しました。

ただ、インタビューを行って記事を書く場合、最初から書き手が構成を決めつけないほうがよいかもしれません。


僕がまだインタビューライターとしてあまり経験がなかった頃は、「この順番で聞く」ということに固執しすぎていた気がします。

インタビューに臨むと、想定した順番どおりに話してもらえるとは限りません。そうしたときに無理矢理話の流れをコントロールしようとすると、全体の流れが悪くなってしまいます。

そのことを自覚してから、僕がインタビューをするときは、「できるだけ話しやすい順番で話してもらう」ことを心がけています。

あらかじめ質問したいことをリストにしている場合も、その順番どおりに聞くことはしません。インタビューをする相手に、ある程度自由にお話ししてもらい、質問リストに関連するトピックが出たら質問を挟むという形をとっています。

人は誰しも説明する力をもっている

このような形をとるようになったのは「話してもらった順番」で書くのがベストになることが多いと感じたからです。

人は誰しも、物事を語り、説明する力をもっています。ある程度は得意不得意があるとしても、基本的には「伝わるように」と思いながら話をします。

僕がインタビューを受けるときも、話す相手に合わせて、「この話から始めるといいかな」「この話は、あの話をした後のほうがいいかな」と何となく考えながら話しています。

ということは、インタビューとして話してもらった時点で、ある程度情報は整理されているわけです。そのため、話してもらった順番で書くことで、結果的にわかりやすい記事になることが少なくないのです。

ただし、話の途中で別のトピックに関連する情報が出てくることは当然ありますので、記事を書く際に整理をしましょう。

たとえばインタビューの際、Aの話の後にBの話があり、次にAに関連するトピックA'の話があったようなとき。このような場合、僕ならA→B→A'ではなく、A→A'→Bと情報を並び替えます。そして、Aより先にBをもってくることは基本的にしません。

このようにインタビューの話の流れを構成のベースにするうえで大切なことがあります。それは、**「誰に向けて話してもらうのか」を、インタビューの前にはっきりさせておく**ことです。

初心者向けなのか、ある程度知っている人向けなのか。このような前提をあらかじめ共有しておくと、話す順番や内容が自然と変わってきます。

インタビューに入るときに前提を曖昧にしていると、記事を書く段階で情報が不足していることに気づいたり、構成を考える手間がかかったりします。こうした前提の説明は、インタビューに入る前に編集者さんが行ってくれることが多いのですが、もし説明がなければライター自身が行っておくといいでしょう。

AIで作った文章に足りないもの

文章を書く仕事を続けるうえで、これからは生成ＡＩを無視するわけにはいきません。

生成ＡＩの進化は驚くばかりで、ユーザーの指示に沿って、かなり自然な文章を作ってくれます。文法的な誤りや語字脱字もなく、何より高速で文章を生み出すので、ある面では人間の書き手よりも優れていると言えるでしょう。

しかし、生成ＡＩが今後さらに進化するとしても、ライターの仕事の多くは残ると僕は予想しています。理由はいくつかあります。

まず、最近は生成ＡＩの使用を契約で禁じるメディアが出てきています。

生成ＡＩは大量のテキストデータを学習するという性質上、著作権侵害の問題をはらんでいます。実際、２０２３年にある日本のニュース解説メディアが、生成ＡＩを用いて作成した記事について、他サイトの記事に似ていると指摘を受け、記事を削除するという事態が起きています。

こうしたトラブルを未然に防止するために、メディアが書き手に対して生成ＡＩの利用を禁じる状況は今後増えてくるかもしれません。

生成ＡＩの文章はなぜつまらないのか

もうひとつ、生成ＡＩが書く文章は〝つまらない〟という根本的な問題があります。

これは知り合いの編集者さんから聞いた話なのですが、生成ＡＩを使った文章はすぐにわかるといいます。生成ＡＩの文章は、大量のテキストデータから学習したパターンを再現しているので、どうしても似通ったものになってしまうからなのでしょう。

試しに、あなたが書こうとしているテーマで、生成ＡＩに記事を書かせてみてください。

それを読んで、「面白い！」と思ったのなら、おそらく良い文章を読んだ経験が足りていません。ライターや著者として仕事をしていきたいのであれば、小説でもビジネス書でもいいので、面白い文章をもっとたくさん読む必要があります。

あるいは、「やっぱりＡＩの文章はつまらない」と感じたなら、その理由を考えてみてください。あなたが面白いと思う文章と、ＡＩの文章は何が違うのでしょうか？

ＡＩの文章がどこかつまらないのは、「そんなこと本当は思ってないでしょ」という白々しさがあるからだと僕は思っています。ＡＩに対して「思う」とか「思っていない」というのも変ですが、率直にそう感じます。

人間が文章を書くと、そこには否応なしに書き手の感情や人生経験が込められます。文章に表れる人間の性質は隠しがたいものです。今、皆さんは僕の文章を読んでくださっているわけですが、この文章からイメージされる僕のキャラクターは、それほど実態とはかけ離れていないと思います。

ここに、生成ＡＩにはない人間の書き手の強みがあります。

カート・ヴォネガットの文章にあって、生成AIの文章にないもの

僕が好きな作家のひとりに、カート・ヴォネガットという人がいます。彼が「書くこと」をテーマに語ったことをまとめた『読者に憐れみを』(カート・ヴォネガット&スザンヌ・マッコーネル著　金原瑞人/石田文子訳　フィルムアート社・2022年)には、ヴォネガットのこんな言葉が書かれていました。

「自分が関心のあること、そしてほかの人も関心を持つべきだと心から思うことを見つけよう。人が書く文の中で、もっとも注目を集める魅力的な要素は、そういう心からの関心であって、言葉の工夫や言い回しではない」

僕がヴォネガットの書く文章を好きなのは、彼の気持ちが強く表れているからです。ヴォネガットが何に問題意識をもち、世界をどう捉えていたのかが、小説やエッセイ、手紙に至るまで、すみずみにまで表現されています。

そんなヴォネガットが「子どもたちがいままでにつくったすべての芸術作品の中で、私がいちばんいいと思う」と紹介したのが、末娘のナネットが書いた手紙でし

た。アルバイト先の後輩が客のクレームで解雇されたことに憤り、その客に対してナネットが抗議のために送った手紙です。

『読者に憐れみを』の中にその手紙が掲載されているので、一部分だけ引用します。

親愛なるミスターXへ

私は新米ウェイトレスのひとりとして、先ごろあなたがABCインに宛ててお書きになった苦情の手紙にお答えする義務があると思います。あなたの手紙は、この夏、ひとりの若い新米ウェイトレスを苦しませることになりました。それは、あなたがレストランでスープをよいタイミングで出してもらえなかったり、パンを早々に片付けられてしまったりして感じた不快感よりずっと深刻なものなのです。

（中略）

いま、このあたりで新しい仕事を見つけるのがどれだけ難しいか、想像できますか？いまどきの多くの学生にとって、お金のやりくりをするのがどれだけ大変か、おわかりですか？　人生で大切なのは何か、よく考えてください。このようにあなたにお願いするのは、人間としての私の義務だと感じています。あなたが公平な立場から、私のいったことをよく考えて、今後はもっと思いやりを持って人道的に振る舞われることを望みます。

ナネット・ヴォネガット

この文章を読むと、会ったこともないのになぜかナネットの人となりが見えてきませんか？　礼儀正しく、勇気があり、情に厚いナネットの人物像を僕はイメージします。

ナネットの手紙のような気持ちのこもった文章を書くことは、おそらく生成ＡＩにはできません。

この章の冒頭で僕は、文章を書く最大の目的は「理解してもらうこと」にあるとお伝えしました。ということは、「理解してもらうべき中身」がなくてはいけません。どんなライティングスキルも、中身があってこそはじめていきるのです。

その中身がある限り、人間が書く仕事は残り続けます。だから、**何でもいいので関心をもち、人生経験を積み重ねることが大事**です。そこから浮かび上がるあなたのキャラクターが、あなたの文章の魅力を高めてくれます。

スキルの前に、ツールの助けを借りる

ここからは、書く仕事の生産性を高めるために、僕が日頃から行っていることをご紹介します。

ライターとしてのスキルを磨く一番の方法は、できるだけ多く書く仕事を経験することです。その意味から、僕は早くから効率化に取り組んできました。

プロのライターのスキルは一朝一夕で身につくものではなく、ある程度の時間が必要です。ライターとして独立を考えている人は、お金が尽きないうちにプロのスキルを身につけなくてはいけません。

そこで僕が最初に効率化の手段として考えたのが、「ツールに頼る」ということでした。

時間をかけて経験を積む必要があるスキルと違って、ツールはお金さえ出せば手に入ります。単純な話、高性能なパソコンを買えば、それだけでライティングの効

率は高まるはずです。

僕が独立してよかったと思うことのひとつは、自分でツールを選んで働きやすい環境を作れることです。公務員の頃と違って、自分の財布からお金を払わなくてはならないのが難点ですが……。

ツールを使って増えた収入は、さらにツールに投資する

ただ、勘違いしてもらいたくないのが、優れたツールを入手すればプロのライターになれるほど甘い世界ではないということです。いくらスペックの高いパソコンを使っても、ライティングスキルがなければ質の高い文章を書くことはできません。

ツールを使う目的は、「時間を生み出す」という点にあります。ツールで時間が浮けば、それだけ文章を書く経験に時間を使えます。そして、その経験によって仕事のレベルが高くなると、収入も増えていくものです。

できれば、その増えた収入の一部はさらにツールに投資してください。このようにして徐々に理想的な仕事環境をつくり上げていくことで、プロとして自立できる日が来るのが早まるはずです。

参考までに、僕が今、ライターの仕事で使っている主なツールをご紹介します。独立したばかりの頃は小さな机にノートパソコン１台だけで仕事をしていましたが、少しずつ買い足してきました。

ノートPC（MacBook Air）

軽くて持ち運びやすいＭａｃＢｏｏｋ Ａｉｒは、外で仕事をするときに便利です。僕は２０２０年に発売されたＭ１チップ搭載のものを使用しています。動作が軽快でバッテリーもちもよく、２０２４年の現在も現役で利用しています。

デスクトップPC（iMac・27インチ）

自宅で仕事をするときは大きな画面があったほうが良いです。僕はＹｏｕＴｕｂｅ動画の編集も自分でやっているので、デスクトップＰＣのｉＭａｃを使っています。ｉＭａｃの最新機種は24インチと画面が小さくなってしまったので、今から購入するのであれば、ノートＰＣに外付けの大画面モニターを接続する方法がよいかもしれません。

外付けキーボード（HHKB Professional HYBRID Type-S）

独立以来、長らくAppleの純正キーボードを使用していたのですが、ライター5年目頃に指の痛みに悩まされるようになりました。おそらくタイピングしすぎたのだと思います。

そこで購入したHHKBキーボードは、3万円を超える高額商品でしたが、費用に見合った価値がありました。底まで打たなくてもキーを認識してくれる「静電容量無接点方式」のおかげで、非常にタイピングしやすいです。悩まされていた指の痛みもなくなり、今は外で仕事をするときも必ず持ち出しています。

スマートフォン（Pixel7 Pro）

仕事上のやりとりや、情報のリサーチ、写真撮影など、スマートフォンはさまざまな用途に使えて便利です。僕が使用しているGoogle製のスマホ「Pixel」は、Pixel7以降の機種で録音アプリによる高精度の文字起こしが可能となりました。完璧とは言えませんが、インタビューの録音がリアルタイムにテキスト化されるので、ちょっとした記事ならこれだけをもとに書くことができます。

タブレット（iPad Pro）

僕が独立後に最初に買った仕事用のツールが、iPad ProとApple ペンシルでした。独立前、ライター仲間から「取材時のメモをパソコンでやると嫌がられることがある」とアドバイスをもらい、紙のノートのように使えるiPad Proに目をつけました。今発売されている機種であれば無印のiPadでも十分だと思います。

取材を行うときは、MicrosoftのOneNoteのiOSアプリを使用しています。質問リストなどの情報をあらかじめOneNoteに取り込んだうえで、取材時にApple ペンシルでメモを取っています。また、外付けキーボードと接続すればノートパソコンの代わりになります。

文字変換ソフト（ATOK）

ライティングを行うとき、タイピングミスや誤変換はストレスのもとです。以前はAppleデフォルトの文字変換や、無料で利用できるGoogle日本語入力を使用していましたが、今は月額330円を払ってATOKを使用しています。ATOKには誤変換を自動的に修正してくれる機能があり、漢字などへの変換も自然なので、ストレスなくライティングができます。

オフィスソフト（Ｍｉｃｒｏｓｏｆｔ３６５）

ライターの仕事をするならＷｏｒｄファイルでの納品を求められることが多いので、Ｍｉｃｒｏｓｏｆｔのサービスは必須です。定価で年間１万４９９０円のサブスクリプションですが、その価値は十分にあると思います（Ａｍａｚｏｎセールなどで購入すれば、１割ほど安く利用できます）。

このサブスクを利用するとＭｉｃｒｏｓｏｆｔ社の複数のソフトウェアを使えますが、僕は主にＷｏｒｄ、ＰｏｗｅｒＰｏｉｎｔ、ＯｎｅＮｏｔｅを使っています。１ＴＢのクラウドストレージ「ＯｎｅＤｒｉｖｅ」を使えたり、通話サービス「Ｓｋｙｐｅ」を毎月60分間利用できたりといった特典も嬉しいポイントです。

エディターソフト（Ｕｌｙｓｓｅｓ）

ＭｉｃｒｏｓｏｆｔのＷｏｒｄは多機能なのですが、「文字量が増えると動作が遅くなる」「ファイルを探しにくい」といった問題があります。そこで僕はライティングの仕事のほとんどを「Ｕｌｙｓｓｅｓ」というＭａｃのソフトで行っています。

▲現在の仕事机

Windowsをお使いの方は、「Inkdrop」という似たソフトが使えます。

Ulyssesには、執筆を快適にする機能が豊富に搭載されています。文章量がどんなに増えてもサクサク動作しますし、テキストをWordファイルに書き出したり、見出しをつけた箇所にすぐにジャンプできたりと、さまざまなことができます。僕は主にパソコンでUlyssesを使っていますが、iPhoneやiPadでも利用できます。

大きなデスク

ライティングをするときは多くの資

料を参照するので、デスクの大きさが仕事の効率に直結します。僕は独立してしばらくは小さなデスクで仕事をしていたので、資料の置き場所がなく困っていました。

その後、引っ越しをしたときに知人にお願いして、横幅200センチ×縦幅90センチの木のデスクを特注で作ってもらったところ、仕事の効率が一気に上がりました。

ちなみに、座りすぎは健康によくないと聞き、デスクの上に昇降できる台を置いて、ときどき立って仕事をしています。

テキストデータは絶対に自動バックアップ

1か月かけて書いた原稿のデータが、締め切り直前に消えてしまった……。

そんなシチュエーションは、想像するだけでも冷や汗が出てきます。

僕が独立する前、ライターの方のSNSで「データが消えた」と嘆く投稿を何度か見かけ、何かしら対策が必要だと感じました。

データの消失に備えるにはバックアップが大切ですが、定期的に外付けハードディスクにバックアップを取るような方法はいかにも面倒です。それに、バックアップを取ること自体を忘れてしまうリスクもあるので、完璧な対策とは言えません。

そこで、手間がかからず、かつきちんとバックアップを取る方法を考えた結果、「パソコン本体ではなく、クラウドストレージにデータを保管する」という方法をとることにしました。

クラウドストレージとは、インターネットを通じてデータを保存・管理するサービスのことです。Ｇｏｏｇｌｅドライブや、Ａｐｐｌｅの「ｉＣｌｏｕｄ」、Ｍｉｃｒｏｓｏｆｔの「ＯｎｅＤｒｉｖｅ」などさまざまなクラウドストレージサービスがあり、使用するデータ容量に応じて料金が高くなる仕組みとなっています。

これらクラウドストレージサービスを使うと、過去に遡ってデータやフォルダを復元してもらうことも可能です。僕が利用しているＯｎｅＤｒｉｖｅの場合、過去30日以内に発生したデータ変更や削除などを元に戻すことができます。

実践している三段階の保存法

僕が原稿を書くときは、次の手順で作業を進めるようにしています。これにより、データがインターネット上に三段階で自動的に保存される形になっています。

1. Ulyssesで初稿を作る

先ほどご紹介したエディターソフトのＵｌｙｓｓｅｓで、原稿などを書き始めます。Ｕｌｙｓｓｅｓのデータはクラウド上に自動的に保存されます。過去のデータも自動的にバックアップされるので、「今書いている文章を5分前の状態に戻す」

といったことも簡単に行えます。

2. OneDrive上にWordファイルを作り、仕上げる

Ulyssesで9割方仕上げたテキストを、Wordファイルに書き出して仕上げます。このWordファイルを、自分のパソコンではなくOneDriveに保存します。これによって、Wordの自動保存機能が使えるようになり、以後の変更履歴が自動的に記録されます。保存ボタンの押し忘れを心配する必要はなく、Ulyssesと同様に過去の状態にデータを戻すことも可能です。

3. メールでデータを送る

原稿のデータは、できるだけメールで送っています。そうすることによって、自ら送信履歴を削除するまではデータを残すことができます。僕は仕事のやりとりの多くをGmailで行っていますが、Gmailは検索しやすいので、後からデータを探すときに便利です。

クラウドストレージサービスによる、バックアップ以外のメリット

クラウドストレージサービスを使うことには、データのバックアップを楽に取れること以外のメリットもあります。

データがインターネット上で保存されていると、場所や端末を問わずにデータにアクセスできるので便利です。

僕は自宅のデスクトップパソコンで作業をすることが多いのですが、途中まで作業したデータは自動的にクラウドストレージに保存されます。そのため、外出先でノートパソコンやスマホからデータを開けば、端末が変わっても途中から作業を再開できます。

セキュリティ上のメリットもあります。自分のパソコンだけでデータを管理した場合、パソコンをなくしたり、ウイルスに感染したりすると、大事なデータが失われてしまいます。場合によっては、クライアントの大切な情報を漏洩し、損害賠償請求を受ける可能性もないわけではありません。

このようなピンチも、クラウドストレージでデータを保存していれば対処可能です。遠隔操作でパソコンからデータへのアクセスを切断することができるため、情報漏洩を防ぐことができます。

会社員と違い、フリーランスはさまざまなトラブルを想定し、自ら対策しなくてはいけません。データの消失や漏洩を避けるためにも、クラウドストレージサービスを使った対策をとることをおすすめします。

集中できる時間をどうつくるか

書く仕事をするには集中力が必要ですが、集中力を保つのは簡単なことではありません。とくに、フリーランスは上司や同僚の監視の目がないので、ネットニュースやSNS、YouTubeなど、集中力を削ぐ数々の誘惑と戦うことになります。誘惑に負けると収入が減ってしまいますから、集中できるよう何か工夫しておきたいところ。そこで、集中力を保って仕事をするために使い始めたのが、「ポモドーロ・テクニック」というものです。

初めは効果があったポモドーロ・テクニック

ポモドーロ・テクニックは、1980年代にイタリア人のフランチェスコ・シリロによって考案されました。彼はトマト型のキッチンタイマーを使って25分間の作業と短い休憩を繰り返す方法を試し、この方法を「ポモドーロ・テクニック」（イタリア語で「トマト」を意味する「ポモドーロ」から命名）と名づけました。

ポモドーロ・テクニックは、基本的に以下の手順で行われます。このサイクルを繰り返すことで、集中力を維持しながら効率的に作業を進めることができます。

1　タスクを選ぶ：「〇〇の記事を書く」など、取り組むべきタスクを選ぶ。
2　タイマーを設定：タイマーを25分に設定する。
3　作業を開始：タイマーが鳴るまで、選んだタスクに集中して作業する。
4　短い休憩：タイマーが鳴ったら、5分間の短い休憩を取る。
5　繰り返し：ステップ2から4を4回繰り返す。
6　長い休憩：4回のポモドーロが終わったら、15～30分の長い休憩を取る。

このポモドーロ・テクニック、使い始めた当初はよかったのですが、僕の場合はだんだんと効果が薄れてしまいました。

というのも、スマートフォンのタイマーを使っていたので、操作するときについSNSを見たり、ネットニュースをチェックしたりしていたからです。スマホの誘惑は抗いがたく、「休憩タイムは5分のはずなのに、スマホを眺めていたら30分過ぎていた」というような感じになってしまいました。

そこで、スマホを別の部屋に置き、キッチンタイマーを使ってポモドーロ・テクニックを行うことにしたのですが、これもうまくいきません。スマホを見ずにいると、「急ぎの連絡が来るかも」とつい気になってしまうのです。現代人の病理なのかもしれませんが、スマホを完全に断つのは現実的ではありませんでした。

SNSやメールの誘惑を絶つ方法

そこで新たに取り入れたのが、『Deep Work: Rules for Focused Success in a Distracted World』（Cal Newport 著）という洋書を読んで知ったメソッドです。

この本には、集中力を要する仕事（ディープワーク）の重要性や、いかにディープワークに時間を割いて価値ある仕事を生み出すかについて書かれています。そして、ディープワークを実践するためのコツとして、次のポイントが示されていました。

1　ディープワークを行う場所と時間を決める

2　集中を妨げるもの（SNS、メールなど）を排除する
3　重要な目標に焦点を当てる
4　進捗を可視化する
5　定期的に振り返る

これら5点を行うために、僕は「Ｓｅｓｓｉｏｎ」というＭａｃのアプリを使っています。

Ｓｅｓｓｉｏｎはポモドーロ・テクニックに基づいたタイマーになっていて、集中する時間と、休憩時間を設定し、パソコンやスマホの画面に表示させることができます。僕はデフォルトの「25分の集中、５分の休憩」の設定で使用しています。

このアプリの優れた点は、「何を行うのか」を設定してタイマーをスタートするところです。このことにより、何のために集中するのかが明確になりますし、後から「どのタスクにどれくらいの時間をかけたか」が一目瞭然になります。

たとえば僕が２０２４年2月にＳｅｓｓｉｏｎで記録した仕事時間は約１０６時間で、このうちライティングの仕事に77％をあてたことがわかります。さらに、こ

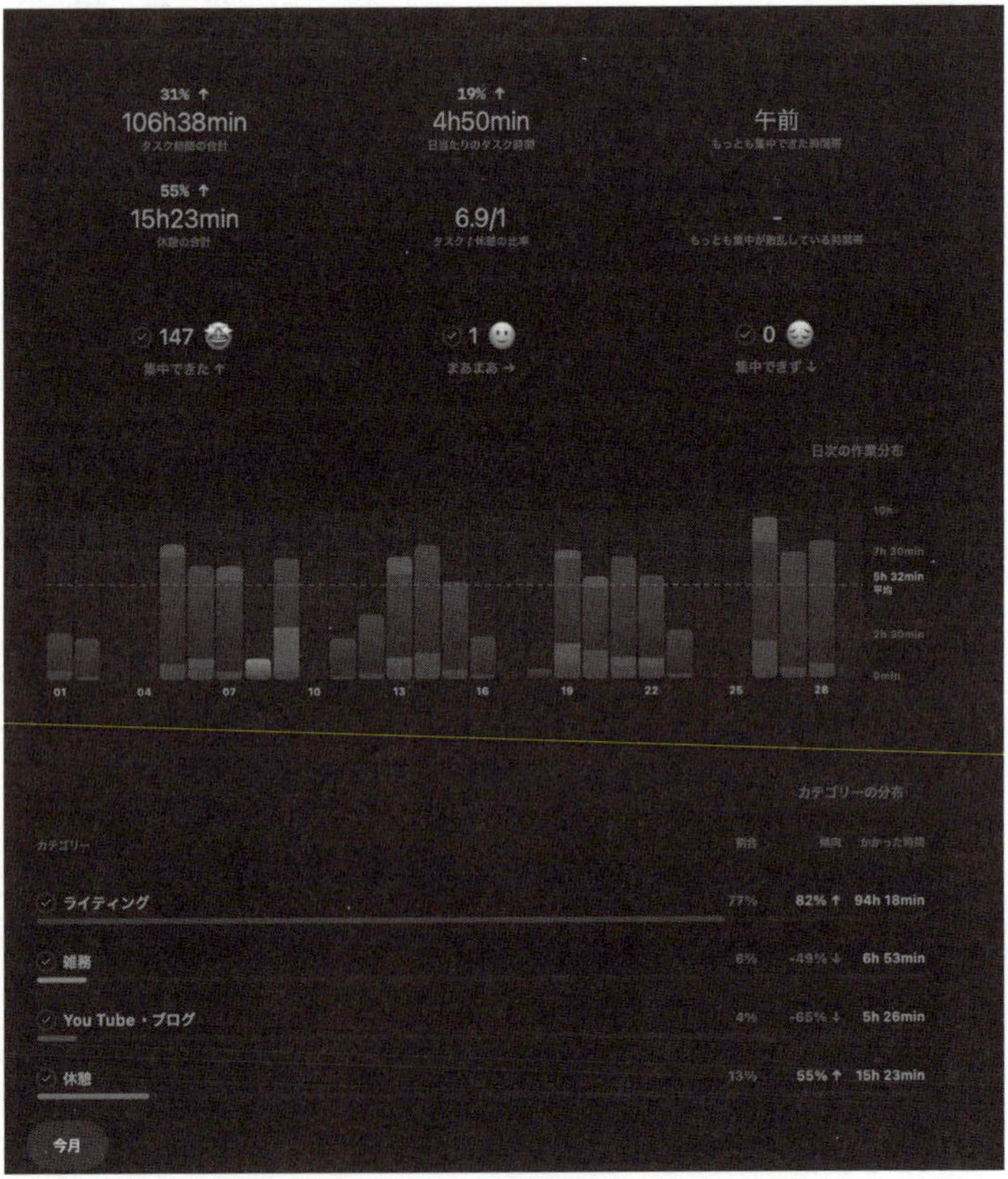
31% ↑
106h38min
19% ↑
4h50min
午前
55% ↑
15h23min
6.9/1
147
集中できた ↑
1
まあまあ →
0
集中できず ↓
01 04 07 10 13 16 19 22 25 28
ライティング 77% 82% ↑ 94h 18min
雑務 6% -49% ↓ 6h 53min
You Tube・ブログ 4% -65% ↓ 5h 26min
休憩 13% 55% ↑ 15h 23min
今月
▲Sessionの画面

のライティングのカテゴリの中で、「どの案件にどれくらいの時間を割いたか」を確認することも可能です。

Ｓｅｓｓｉｏｎには、ディープワークを行うための工夫が多く取り入れられています。なかでも僕が効果を感じるのがブロック機能です。

特定のアプリやウェブサイトの立ち上げを制限する機能で、僕はこれを使い、25分間のタイマーが動いている間はメールソフトやＳＮＳ、Ｙａｈｏｏ！ニュースなどのウェブサイトを立ち上げられないように設定しています。

そして、５分間の休憩時間はブロック機能を解除する設定にしているので、メールなどを見る必要があればその５分間に限って見ることができます。こうすることで、ダラダラとメールやＳＮＳを見るリスクを防ぐことができます。

「仕事に集中することが大事」ということは、おそらく誰もが理解していると思いますが、意志力だけではどうにもなりません。自分自身をしっかり働かせるために、ぜひテクニックやツールを取り入れることを考えてみてください。

「仕事が遅い」と思わせないテクニック

「先入先出法《さきいれさきだし》」や「後入先出法《あといれ》」という言葉を聞いたことがあるでしょうか？

先入先出法は、「先に仕入れた商品から売れた」と仮定する考え、後入先出法は「後に仕入れた商品から売れた」と仮定する考えを示す、会計用語です。簿記を学んだ人なら、一度は聞いたことがあるでしょう。

突然何を言っているのかと思われるかもしれませんが、僕の仕事の進め方をお伝えするうえで、これらの言葉がイメージしやすいので使わせてもらいました。

つまり、こういうことです。

先入先出法：先に来た仕事から先に片付ける
後入先出法：後に来た仕事から先に片付ける

おそらく、仕事を進めるときは先入先出法をベースに考える人が多いでしょう。

先にもらった仕事の依頼から順番に進めるのは、自然なように思えます。ところが先入先出法には大きな欠陥があります。それは、時間がかかる仕事を受けた場合、その後に来た仕事がいつまで経っても終わらないということです。

たとえば、最初に2週間かかる仕事Aが来て、その後に1日で終わる仕事Bが来たとしましょう。先入先出法で仕事を進めると、次のようなスケジュールになります。

仕事A：2週間後に納品
仕事B：2週間＋1日後に納品

仕事Bを依頼したクライアントは、「それほど時間がかかる仕事ではないのに、どうしてこんなに遅いのか」という気持ちになってしまいそうです。

では後入先出法によるとどうなるのかというと、次のようになります。

仕事B：1日後に納品

仕事A：2週間＋1日後に納品

こちらの場合、仕事Bを依頼してくれた人には「1日で仕上げてくれた」と喜ばれるでしょうし、仕事Aも、もともと2週間の想定だったものが1日増えただけなので、「仕事が遅い」という印象はもたれにくいと思います。

ただし、当然の話ですが、後入先出法にするにせよ事前に決めた締め切りは必ず守ることが前提です。そのためには、仕事Aを受けた時点で、「3週間以内に納品」というように、ある程度余裕をもった納期を設定してもらう必要があります。

また、後入先出法は万能ではなく、状況によりやり方を変えなくてはいけません。先ほどのケースで、仕事Aが1日で終わる量、仕事Bが2週間かかる量であれば、当然仕事Aから先に納品すべきです。

仕事をうまく回すための2つのルール

僕が仕事を進めるときは、後入先出法をベースにしつつ、状況によってアレンジしています。具体的には、次の2つのルールを自分に課しています。

1　来た案件は何であれ放置せず、ひとまず着手する
2　すぐ終えられそうな案件は終わらせ、時間がかかりそうな案件は後回しにする

この2点を意識して仕事を進めると、「この人は仕事が遅い」と思われるリスクを回避することができます。

僕が思うに、仕事の速い遅いは、作業自体のスピードよりも、タスクをこなす順番に左右されます。これをうまくコントロールできると、クライアントに喜ばれ、リピーターになってもらえる可能性が高まります。

書く仕事に早めに着手することには別のメリットもあります。

これは僕の感覚なのですが、まとまった時間に記事を書くよりも、数回に分けて書いたほうがはるかに執筆はスムーズに進みます。

たとえば3000文字程度の記事を依頼された場合、まずざっと8割ほど書き進め、数日空けて残り2割を仕上げるといった形。こうすることで、一度にまとめて執筆するよりも、早く仕事を完成させることができます、

この原因は定かではありませんが、ひとたび執筆に着手すれば、その後は休んでいる時間も無意識に脳を使っているのでしょう。再度ライティングに取りかかるときは思考が整理されているので、スムーズに書き進めることができるのです。

早めに仕事に着手することは、精神衛生上もよいです。たくさんの案件を未着手のままで抱えるとプレッシャーになってしまうので、着手だけでも早く済ませて、プレッシャーを軽くしていきましょう。

書き続けるほどに自由になれる

ライターとして経験を積み重ねるほど、「書く力」の威力を実感します。

その理由はいくつかありますが、まずは汎用性の高さです。

僕が手がけている書く仕事は、自分の名前で税金の記事などを書く仕事と、企業から依頼を受けてテキストを作成する仕事に大別されます。

後者の場合、税理士や弁護士、建設会社、IT企業など、クライアントの業種はさまざま。それでも、「書く力」というどこでも必要とされるスキルを身につけたことで、多種多様なクライアントから良い条件でお仕事をいただけるようになりました。

素人でもYouTubeの登録者数を増やせた理由

そして、「書く力」は、ライターの仕事以外にも応用することができます。

僕が２０２０年に始めたＹｏｕＴｕｂｅチャンネル「フリーランスの生活防衛チャンネル」は、僕自身が企画・撮影・編集まですべて行っています。現在はサムネイル作成のみデザイナーさんにお願いしていますが、そのほかは人の力を借りず登録者数４・５万人まで増やしました。

なぜ動画に関しては素人の僕にこれができたかというと、ライターのスキルをＹｏｕＴｕｂｅに応用しているからです。**記事を書くときのリサーチの手法、構成の立て方、わかりやすい表現を、ＹｏｕＴｕｂｅでそのまま使っているだけ**なのです。その結果、視聴者さんから「わかりやすい」と評価していただける動画を作れるようになりました。

ちなみに僕のＹｏｕＴｕｂｅチャンネルでは、できるだけ自分の実体験や実感に基づく情報発信を心がけています。たとえば、僕が実際に利用した補助金の解説や、効果的と感じた節税方法の解説といった内容です。

これは、ライターとして本や記事を書くとき、ただ情報を整理するよりも、実体験や実感を含めたほうが読んでもらいやすいと思っているからです。このように自分の経験から動画の内容を考えていると、企画を立てやすくなるというメリットもあります。

動画の編集を行うときに、余分な言葉をカットしたり、図表を入れたりしているのも、情報をわかりやすく伝えるライターの仕事と通じる部分があります。

文章は書けば書くほど資産になる

書いた文章が資産になっていく点も、ライターの仕事の良いところです。

文章は腐らないので、ライターの手から仕事が離れた後も、どこかで読まれる可能性があります。その結果、新たな仕事につながり、収入を生み出してくれます。

僕のもとには日々お仕事のご依頼が来るのですが、そのほとんどは過去に僕が書いた本や記事を読んでくださった方からいただいています。言うなれば、自分の文章が勝手に営業をしてくれているようなものです。

過去に書いた文章がダイレクトにお金をもってきてくれることさえあります。書籍の印税や、記事の転載料のような不労所得もだんだん増えてきました。文章が僕自身の知名度を高めてくれたことで、セミナーなどのご依頼を好条件でいただく機会も生まれています。

何より僕がライターの仕事を気に入っていることは、場所や時間にとらわれずに働けることです。特別な設備や原材料などは必要なく、最低限パソコン1台あればいい。自宅で仕事をしてもいいし、お気に入りのカフェに行ったり、海外旅行に行ったりしたときでも、仕事をすることができます。このように、**どこにいても仕事ができ、収入を得られる安心感は、何にも代えがたい**ものです。

ただ、今のように自由な生活ができているのは、プロのライターとして経験を積み重ねてきたからです。そして、経験値を貯めるためにはある程度の時間が必要で、ここで「お金の問題」を無視するわけにはいきません。

どんなに文章を書く才能があっても、どんなにやる気があっても、お金が尽きればフリーランスの生活はたちまち終わりを告げます。せっかく理想的な働き方を目指して独立に踏み出したのに、お金の問題から諦めてしまうのは本当にもったいないです。

この問題を、僕は何とか解決したいと思っています。次章では、フリーランスのお金の問題を解決する具体的な手段をお伝えします。

第3章 無理しないお金との付き合い方

フリーランスになると直面するのが
お金に関する“不都合な真実”です。
どんなに才能があっても、どんなにやる気があっても
お金が尽きればフリーランスの生活はたちまち終わりを告げます。
理想的な働き方を目指して独立に踏み出したのに
お金の問題から諦めてしまうのは本当にもったいないこと。

日本の法制度上、フリーランスは会社員よりも
さまざまな点で不利です。
社会保険料や節税の仕組み、老後資金準備、
インボイス制度や公的支援の受け方、値決めの仕方まで
元国税のお金のプロとして説明していきます。
お金にまつわる不安は、少しでも減らしていきましょう。

フリーランスの税金は会社員より重たい

会社員を辞めてフリーランスになる人は、いずれ必ずお金に関する〝不都合な真実〟に直面します。

日本の法制度上、フリーランスは会社員よりもさまざまな点で不利です。フリーランスを続けたいのであれば、「会社員並みの収入があれば大丈夫」という考えはできるだけ早く捨てなくてはいけません。

その主な理由は、次の4点にあります。

・経費が自己負担になる
・税金の負担が増える
・社会保険料の負担が増える
・もらえる年金が少なくなる

それぞれ説明しましょう。

仕事をするには、さまざまな費用がかかります。ライターは比較的経費がかからない仕事ですが、それでもパソコンの購入費や、取材先に行く交通費、仕事場所の賃料などの費用がかかります。こうした仕事のための費用は、会社員なら会社が経費として全額負担してくれるのが普通ですが、フリーランスは「全額自己負担」が基本です。

自己負担した経費を確定申告すれば、税金が減る効果はあるのですが、それでも全額が戻ってくるわけではありません。たとえば10万円のパソコンを買ったとして、節税効果はせいぜい3万円程度。つまり、節税効果を差し引いても7万円程度の自己負担が必要となるのです。

こうした自己負担を踏まえながら、フリーランスはお金の使い方を考えなくてはいけません。**基本的な税金の計算方法を理解しておかないと、むやみに経費を払うことになり、〝節税貧乏〟に陥ってしまいます。**

フリーランスの経費節約にまつわる誤解

フリーランスは税金の負担も多くなりがちです。

ときどき、会社員の人から「フリーランスの人は経費で節税できていいね」などと言われるのですが、これは大きな勘違いです。なぜなら、会社員には「給与所得控除」というフリーランスにはない特権的なルールがあるから。

会社員の給料は、収入に対してそのまま課税されるわけではありません。給与収入に応じて、55〜195万円の「給与所得控除」を差し引いて税金を計算します。つまり、会社員は経費を引けない代わりに、給与所得控除を引けるのです。

前述のとおり会社員の経費は、通常は会社が支払ってくれます。にもかかわらず、55〜195万円もの給与所得控除を引けるわけですから、会社員は優遇されていると言っても決して過言ではありません。しかも、万が一給与所得控除を超えるほどの経費を会社員が自己負担したなら、特定支出控除という制度を使って税金を下げることが可能です。

一方、フリーランスには給与所得控除はなく、実際に負担した必要経費を差し引くのが基本です。後ほど説明する青色申告特別控除という制度を使っても、必要経費以外に引けるのは最大65万円までとなっています。

会社員なら、たとえば年収500万円の人は給与所得控除144万円を差し引いて所得税と住民税を計算します。しかし同じ500万円の利益をフリーランスとして得た場合、差し引けるのは青色申告特別控除の65万円だけ。

このような差があることで、会社員から独立をすると所得税や住民税の負担が多くなってしまうのです。

しかも、フリーランスの場合、所得税や住民税だけで済まない可能性があります。業種や売上規模などによっては、消費税や事業税という会社員であればまったくかからない納税を求められる可能性もあります。

それに、会社員は会社が年末調整で税金の手続きをしてくれますが、フリーランスになれば毎年自ら確定申告を行わなくてはいけません。このような手間がかかることも、フリーランスが不利な点と言えるでしょう。

社会保険料の負担は増えるのに、もらえる年金は減る

税金の次は、社会保険料について比較します。

社会保険料にはいくつかの種類がありますが、主なものが健康保険料と年金保険料です。基本的に、会社員は「会社の健康保険&厚生年金」に加入し、フリーランスになると「国民健康保険&国民年金」に移行することになります。

会社員の社会保険料は、会社と社員で折半して支払う形なのですが、フリーランスになると全額が自己負担となります。そのため、フリーランスになると会社員時代よりも社会保険料の負担は重たくなってしまいます。

僕は公務員を辞めた後、国民健康保険料の通知書を見て、「これでは食べていけない」と真剣に悩みました。これは、保険料が全額自己負担になったことに加えて、「扶養親族が多い」という個人的な事情も重なった結果です。

会社員の健康保険料は、扶養人数がいくら増えても変わりません。独身の人も、

扶養家族を多く抱えている人も、本人の収入が同じなら健康保険料は同額です。
ところが、フリーランスが加入する国民健康保険料の場合、世帯人数によって負担が増えます。家族全員分の国民健康保険料が算定され、これを世帯主が支払う形になっているのです。僕は5人家族なので、その分、国民健康保険料が高額になっていました。

さらに、年金保険料も増えるおそれがあります。会社員や公務員に扶養されている配偶者は、「国民年金第3号被保険者」という扱いで年金保険料の支払いが免除されるのですが、フリーランスに扶養されている配偶者は免除を受けられないからです。そのため、独立をすると夫婦2人分の年金保険料を支払わなくてはいけません。

こうした事情が重なったことで、僕は公務員からフリーランスになってから社会保険料の負担が年間50万円以上も増えてしまいました。

国民年金の平均は月額約5万7000円

最後に、将来もらえる年金への影響も大きな問題です。フリーランスになると、社会保険料の負担が増え、しかも将来受け取る年金は減ってしまうというダブルパンチになります。

厚生労働省の統計によると、会社員が将来受け取る厚生年金の平均が月額約15万4000円であるのに対して、国民年金の平均は月額約5万7000円（20歳から60歳まで国民年金に加入していた場合）です。

ということは、「フリーランス＆専業主婦」や「フリーランスの共働き」で仮に20歳から60歳まで生活した場合、夫婦合わせても年金は11万円足らず。しかも、少ない年金から税金や社会保険料が引かれますし、会社員のような退職金もないので、**年金だけで老後の生活を送るのは不可能**です。

このように、フリーランスになると税金や社会保険料など、さまざま面でお金のハンディキャップを背負うことになります。

これから独立を考えている人はもちろん、すでに独立している人も、フリーランスがお金の面で不利である事実をまず認識してください。

そのうえで、現実的な対策を考えていきましょう。

自ら行動を起こさなくてはいけませんが、税金や社会保険料の負担を減らし、将来の年金を増やす方法はいくつか存在します。ここから、僕が実際に行っている対策を中心にお伝えしていきます。

違法な脱税ではなく、節税に取り組む

フリーランスのお金の問題を解決するために、特殊なことを行う必要はありません。無理をして複雑な節税方法などに挑戦しても続かないので、基本的なことを少しずつ取り入れる意識が大切です。

そのうえで大事なことは、「優先度をつける」ということ。具体的には、次の順序をしっかり頭に置いてから、お金の問題解決に取り組むようにしましょう。

1　今の生活費をまかなえるようにする

2　老後資金の準備をする

ＮＩＳＡやｉＤｅＣｏなど、将来のためにお金を積み立てるために使える制度は色々とあり、既に利用している人もいるでしょう。たしかにこれらの制度はメリットが大きいので、お金に余裕があれば利用すべきです。

でも、フリーランスの場合、将来のことは後回し。まずは、今すぐ金銭的な負担を減らす対策に取り組み、「とりあえずは食べていける」という状態になる必要があります。NISAなどにお金を使うのは、これが達成できた後です。

その意味でまず取り組みたいのが、税金の負担を少しでも減らすための「節税」です。

自分自身のことを振り返ると、節税の知識が、独立当初の不安定な生活を支えてくれました。

国税職員を退職してすぐに開業届などの手続きを行い、青色申告特別控除、青色事業専従者給与、小規模企業共済などの節税方法（詳しくは後ほど解説します）を取り入れたことで、独立1年目から、所得税と住民税を合わせて20万円ほど節税できました。

独立直後の収入が少ない時期の僕にとって、この20万円はとても大きなものでした。その後も毎年節税に取り組んでいるので、おそらく累計で数百万円単位の税負担を抑えられているはずです。

もし僕に節税の知識がまったくなく、余分な税金を払い続けていたら、フリーランスを続けられなかったかもしれません。

節税に取り組むには、「節税とは何か」ということをまず理解する必要があります。辞書によると、節税には「非課税制度・控除制度等を活用して適法に税金額を軽減すること」という意味があります。ここでポイントになるのは「適法に」ということです。

たとえば必要経費をきちんと計上したり、医療費控除などを利用したりすることは、法律が認めている節税方法です。

たまに「節税はズルい」という考えをする人がいるのですが、節税は法律のルールにのっとって行うものですから、何も問題はありません。節税をしないと余分な税金を払うことになるわけですから、むしろ積極的に行ったほうがいいのです。

節税の基本は「儲かる前にやる」

一方で、脱税は決して許されません。

脱税とは、意図的に税金を少なく申告したり、まったく申告をしなかったりすることを指し、これは紛れもない違法行為です。たとえば、「本当は売上500万円の契約なのに、300万円の契約と偽って確定申告をした」「取引先と口裏を合わせて、経費を500万円水増しした」といった悪質なケースが、脱税と判断されます。

このような脱税行為が税務署による税務調査などで明らかになると、「重加算税」というペナルティが科されます。さらには税務署の記録に「この人は脱税をした」ということが残るので、その後も税務調査で狙われやすくなります。

場合によっては、本人だけでなく、家族や取引先、利用している金融機関などに税務調査がおよぶおそれもあり、信用を大きく損なうことにもなりかねません。脱税行為は絶対にやめたほうがいいです。

ときどき、「節税は面倒」「もっと収入が増えてから節税を学べばいいのでは?」といった声も聞こえてきますが、僕はそうは思いません。

なぜなら、節税の基本は「儲かる前にやる」だからです。

後ほど説明する青色申告や小規模企業共済などの節税方法は、あらかじめ手続きをしたうえで、その後に得た利益に対して効果がおよびます。儲かった後にやろうとしても、もう後の祭りです。

実際、儲かった後にできる節税方法はほとんどありません。

そのため、節税のための行動をしていない状態で大きな利益が出たとき、「このままだと税金がたくさんかかる！」と慌てることになってしまいます。その結果、売上を隠したり、経費を水増ししたりといった稚拙な脱税行為におよぶ人がいますが、そうした心理を国税職員は熟知しています。いずれ脱税が発覚して追徴税を課されることになるでしょう。

このような事態にならないためにも、１日でも早く正しい方法で節税に取り組む必要があります。

ここから具体的な節税方法をご紹介していきますが、いずれも面倒なものではありません。基本的な知識をつけ、事前に手続きをしておけば、節税効果が半永久的に続くものばかりですので、少しずつ取り入れてみてください。

必要経費を漏れなく申告する

フリーランスの節税の基本は、「必要経費を漏れなく申告する」というものです。ここで「経費」ではなく「必要経費」としているのは理由があります。税金の計算上差し引けるのは「必要経費」です。会社員の「経費」は会社が認めてくれれば精算してもらえますが、必要経費の判断は税法などのルール次第です。

フリーランスを続けるうえで大事になってくるのが、**何が必要経費として認められ、何が認められないかを自分で判断する知識**です。知識不足から必要経費の申告が漏れると税金の負担が増えますし、逆に、認められない必要経費を申告してしまえば、追徴課税を受けるリスクが高まります。

日本の所得税は自主申告・自主納税が原則であり、自分で必要経費を申告する必要があります。税務署が「あなたの経費はこれだけです」と決めるわけではないので、まずは自分で判断することが大切なのです。

〈主な必要経費〉

必要経費の科目	具体例
旅費交通費	取引先などへ移動するための交通費や宿泊費
通信費	業務で使用する電話代、切手代など
接待交際費	取引先との打合せのための飲食代やお土産代など
損害保険料	業務で使用する車の自動車保険など
消耗品費	仕事に使う物品の購入費など
会議	打合せに使ったスペースのレンタル料など
研修費	業務のために受けたセミナー費用など
新聞図書費	業務のための書籍や雑誌などの購入費
地代家賃	オフィスなどの賃料
租税公課	業務で使用する車の自動車税など
広告宣伝費	ホームページの作成費用など
修繕費	業務に使用するパソコンの修理代など
雑費	その他の費用

それでは、必要経費の判断のポイントを確認していきましょう。

まずは、次の2つの基準を頭に置いてください。

1 売上を得るために必要な費用か（仕入れ代など）

2 業務を行ううえで必要な費用か（オフィスの賃料など）

2つの条件を見てわかるように、「これはプライベートの支払いか、仕事のための支払いか」を考えるだけで必要経費の判断はほぼつきます。

たとえばスマホゲームの課金を払ったとして、普通は必要経費としては認められないでしょう。でも、「ゲームのレビュー記事を書くために課金した」「自分で開発している商品の競合調査のために課金した」というように、仕事と紐付くのであれば必要経費にして問題ありません。

プライベート目的と仕事目的が混在している場合

必要経費の判断で少し迷いやすいのが、プライベート目的と仕事目的が混在しているものです。

たとえば自宅で仕事をしている人は、家賃や通信費、電気代などを、プライベートだけではなく仕事のためにも払っているはずです。

このようなプライベートと仕事を兼ねた費用を「家事関連費」といい、家事関連費のうち、「仕事に直接必要であったことが明らかな金額」については必要経費にできるというルールになっています。

このルールを使うことで、仮に自宅のうち50%のスペースを仕事部屋として使っているのであれば、家賃の半分を必要経費にすることができます。

なお、必要経費を計算するためのパーセンテージを計算する方法は法律ではっきり決まっておらず、自分自身で理屈を考えなくてはいけません。しかし、「何となく50％を必要経費に」といった安易な判断は禁物です。

家賃であれば、仕事に使うスペースとそれ以外のスペースを分けて、その床面積の割合で計算するのが一般的です。全部屋の床面積が100㎡で、そのうち仕事部屋が10㎡であれば10％といった計算をします。

このほか、インターネットの利用料や、電気代なども、仕事の実情を踏まえて、払った金額の一部を必要経費にするといいでしょう。

必要経費の申告漏れは損でしかないので、何か仕事に関係しそうな支払いがあれば、忘れないうちに会計ソフトなどで記録しておくことをおすすめします。さらに、レシートや領収書を必ず保管し、確定申告の際にあらためてチェックすると間違いありません。

青色申告で毎年65万円分の利益を無税に

フリーランスとして活動を続けるなら、「青色申告」はぜひとも使いたい制度です。これを使うことによって税金のみならず国民健康保険料の負担も抑えられます。

青色申告とは、「一定水準の記帳をし、その記帳に基づいて正しい申告をする事業者」に認められている制度で、これにより複数の節税方法を使えるようになるというものです。

この制度を利用するには、所轄税務署に開業届を提出したうえで、「青色申告承認申請書」という書面も提出し、承認を受ける必要があります。この手続きをせずにいると、「白色申告」という通常の方式で確定申告をすることになり、青色申告の節税メリットを受けられません。

お金を一切払わずに課税所得を引き下げられる

青色申告の節税メリットは複数ありますが、なかでも基本となるのが「青色申告特別控除」です。

これを利用すると、本来は売上から必要経費を引いた利益に対して課税されるところ、利益から最大65万円の青色申告特別控除を引いて、税金を計算できるようになります。

具体的な節税効果は、65万円に税率を掛けると計算できます。所得税の税率は所得金額に比例して変動しますが、仮に所得税と住民税を合計して30％の税率とすると、65万円×30％＝19万5０００円が1年あたりの青色申告特別控除による節税効果です。これに加えて国民健康保険料を減らす効果もあります。

青色申告特別控除の良いところは、「お金を一切払わずに課税所得を引き下げられる」という点にあります。必要経費を使って節税しても節税効果より大きな出費をともないますが、青色申告特別控除にはそうしたデメリットがありません。

なお、青色申告特別控除には、10万円、55万円、65万円の3パターンが存在します。最高額の65万円の特別控除を受けるには、複数の条件をすべて満たさなくてはいけません。

これらの条件をクリアするのは難しいことではなく、会計ソフトを使って記帳や電子申告を行えば、問題なく65万円の控除を受けられます。

【年間65万円の青色申告特別控除を受けるための条件】

1 青色申告承認申請書を期限内に提出していること
2 事業所得または不動産所得があること
3 複式簿記で記帳していること
4 損益計算書と貸借対照表を作成し、申告時に添付すること
5 確定申告を期限内に行うこと
6 e-Taxでの電子申告または電子帳簿保存を行うこと

お金まわりの面倒な処理はツールに頼る

年間65万円の青色申告特別控除を受けるためには、「単式簿記」ではなく「複式簿記」により帳簿をつけることを求められます。

この2つの方式の違いを簡単に説明しておきましょう。

単式簿記の場合、売上から必要経費を差し引いて利益を計算します。たとえば「1年間の売上が100万円で、必要経費が30万円だから、利益（所得）は70万円」という具合ですから、計算はシンプルです。

一方、複式簿記の場合、売上と必要経費だけではなく、自分の純資産（資産から負債を引いたもの）の動きも管理する必要があります。そして、1年間の取引を複式簿記で記録した結果を、損益計算書と貸借対照表という2種類の書面にまとめ、確定申告の際に提出します。

このように聞くと青色申告はハードルが高いと思われそうですが、昨今は使いやすい会計ソフトが多く、自分だけで複式簿記の記帳をすることは不可能ではありません。

フリーランスが使える会計ソフトは数々あり、帳簿作成はもちろん、請求書の発行や確定申告書の作成など、フリーランスにとって避けられない事務処理をサポートしてくれます。どの会計ソフトが良いかは実際に使ってみるのが一番ですが、僕は次のポイントを考慮して「ｆｒｅｅｅ」という会計ソフトを利用しています。

- インターネット上で利用できる
- 法改正などへのアップデートに対応している
- 銀行やクレジットカードの口座と自動連携できる

フリーランスにはクラウド型会計ソフトがおすすめ

会計ソフトのなかには、パソコンにインストールして使用するものと、インターネット上で使用するクラウド型のものがあります。前者には入力のレスポンスが早いなどの強みがあるのですが、フリーランスの人であれば総合的に見てクラウド型の方が使い勝手が良いと思います。

クラウド型を選べば、使用する機器が違っても問題なく利用できるので、たとえば自宅のパソコンで入力をした続きを、電車の中でスマホから行うといった使い方が可能です。フリーランスのように機器や場所を変えながら働く人にとっては、クラウド型が便利に感じられると思います。

また、クラウド型であれば常にアップデートがなされているので、最新の法改正にも対応しています。パソコンにインストールするタイプの会計ソフトの場合は自らアップデートをする必要がありますが、クラウド型であれば安心です。

そして、銀行やクレジットカードと自動連携できるのも、クラウド型の強みと言えます。僕は、仕事用の銀行口座やクレジットカードの情報をｆｒｅｅｅと紐付けて、お金の動きがあれば自動的にｆｒｅｅに取り込めるように設定しています。

本来、帳簿を作るためには仕訳処理を行わなくてはならず、お金の動きを勘定科目というカテゴリに分けて整理しなくてはならないので、ある程度は簿記の知識が必要です。

でも、ｆｒｅｅｅにはＡＩによる自動仕訳機能が搭載されているので、たとえば「Ｆ社からの入金は売上として記録する」「東京電力への支払いは水道光熱費として記録する」といったように自動的に仕訳処理を行ってくれるのです。

あとは、自動仕訳で取り込まれた情報を確認して入力を仕上げれば、帳簿作成に必要な入力作業が終わります。


ツールを活用することの大切さは前章でもお伝えしました。フリーランスになれば事務作業もひとりで行わなければいけないので、役立つツールに頼ってサクッと片付けてしまいましょう。

家族に仕事を手伝ってもらって節税

次に「家族に支払う給料を全額必要経費にできる」という、青色申告の2点目のメリットを説明します。正式名称は「青色事業専従者給与」というものです。

個人でビジネスをしていると、家族に仕事を手伝ってもらうことがあるかもしれません。僕もフリーライターとして独立してから、妻に経理作業などを手伝ってもらっているので、給料を支払って必要経費にしています。

青色事業専従者給与の節税効果は給料の設定により、たとえば毎月8万円の給料を払えば年間96万円もの必要経費が増える計算です。これによって、青色申告特別控除をもしのぐ節税効果を得ることができます。

しかも、青色事業専従者給与は家族に払うわけですから、外のスタッフに払う給料とはわけが違います。青色事業専従者給与として支払った給料は、その後家庭の生活費として自由に使うことができます。

青色事業専従者給与を利用するには、「青色事業専従者給与に関する届出書」を事前に提出する必要があります。この書面に、給料の金額や支払うタイミングなどを記載し、そのとおりに給料を支払わないと必要経費にできないので注意してください。

高すぎる給料を設定してはいけない

ただし、いくら必要経費を増やしたいからといっても、働きに見合わない高すぎる給料を設定してはいけません。たとえば一般的には時給1200円ほどの事務作業を月に100時間頼むのであれば、月給は12万円にすべきです。これをもし月給100万円などとしてしまうと、税務署から過大な給料と見られ、世間相場を超える給料は必要経費とは認められないのです。

それに、高額な給料を払った場合、受け取った人の税金や社会保険料が高くなるおそれがあります。むやみに高い給料に設定せず、仕事の内容から見て違和感がないように設定しましょう。

【青色事業専従者の条件】

1　青色申告者と生計を一にする配偶者その他の親族であること

2　その年の12月31日現在で15歳以上であること

3　その年を通じて6か月を超える期間※、働ける時間の大半を青色申告者の事業のためにあてていること

※年の途中から従事する場合は、従事できる期間の2分の1を超える期間

30万円未満のモノを買うときの節税テクニック

フリーランスの税金は毎年1月1日～12月31日の売上や必要経費などを集計して計算します。そのため、年末が近くなると「何かを買って節税しよう」と考える人は多いでしょう。

ここで「10万円以上のモノ」を買う人は注意が必要です。なぜなら、お金を払っても、その年の必要経費がほとんど増えず、期待した節税効果を出せない可能性があるからです。

この理由は、10万円以上の固定資産（車や建物、機械など）を購入したときに適用される「減価償却」というルールによります。

減価償却とは、その資産の購入費を「法定耐用年数」という定められた年数に分けて必要経費に計上するというルールです。

たとえば20万円で新品のパソコンを買ったとすると、これを4年間（48か月）に分けて必要経費にしなくてはいけません。12月のギリギリになって20万円のパソコンを買った場合、その年は約4200円（20万円÷48か月）しか必要経費に入れられないのです。

ただし、**青色申告の手続きをしておけば、「少額減価償却費の特例」という特別措置を使え、減価償却の問題をほぼ解決できます。**

この特例は、「30万円未満の固定資産」であれば、年間累計300万円まで一括で必要経費に計上できるというものです。フリーランスで30万円以上のモノを買うことはあまりないでしょうから、たいていの物品購入はカバーできるでしょう。

これを使うことで、先ほど例示したような「節税目的で年末に20万円のパソコンを買う」といった場合も、その年に20万円分の必要経費を増やせる形になります。ただし、仕事用の車を買うときなど、30万円以上のモノを買うときは減価償却のルールに注意してください。

減価償却の計算を行うときは、カシオによる計算サイト「ｋｅｉｓａｎ」（https://keisan.casio.jp/）を使うと便利です。物品の購入額などを入力すると、その年にどれくらい必要経費を増やせるか把握することができます。

ライターの特権「平均課税」を使いこなす

あまり知られていないのですが、「平均課税」というフリーライター向けの特別な節税方法が存在します。これは非常に節税効果が高いので、ぜひ知っておいたほうがいいです。

平均課税制度は、原稿料、印税、著作権料などの変動所得や、不動産の契約金などの臨時所得がある人に限定した特例で、次の条件を満たした場合に利用できます。

・変動所得や臨時所得がその年の総所得の20％以上であること
・過去2年の間に変動所得や臨時所得があった場合、その2年分の50％がその年の変動所得以上であること

フリーライターの場合、収入のほとんどが原稿料や印税ですから、これらの条件は満たせている可能性が高いです。

平均課税を使うメリットは、税率の上昇を抑制できる点にあります。

所得税の税率は、所得に応じて5～45%に変動する仕組みになっているので、急に収入が増えると税率が高くなってしまいます。ところが平均課税を使うと、「所得を5分の1にしたうえで税率を適用する」という形になり、高い税率が適用されることを避けられます。

以下は簡略化したものですが、課税対象の所得金額が1000万円の人が平均課税を使うと、税金がどれくらい減るかを示したシミュレーションです。

【平均課税を使わない場合】

課税所得金額：1000万円

適用税率：33%（900万円超1800万円以下の税率）

控除額：153万6000円

所得税額＝1000万円×33%－153万6000円＝176万4000円

【平均課税を使う場合】

課税所得金額の1／5：1000万円÷5＝200万円
適用税率：10％（195万円超330万円以下の税率）
控除額：9万7500円
1／5に対する所得税額＝200万円×10％－9万7500円
＝10万2500円
所得税額＝10万2500円×5＝51万2500円

これらの結果を比べると、平均課税を使うかどうかで120万円以上も税負担が変わっていることがわかります。

僕の場合、2020年に自著が多く売れたことで大きな売上を得たのですが、そのままでは高い税率で所得税を納める必要がありました。そこで平均課税を使ったところ、税負担を130万円ほど少なくすることができました。

平均課税によって節税をするには、確定申告のときに手続きが必要です。「変動所得・臨時所得の平均課税の計算書」という書面を、確定申告書に添付したうえで、特別な計算を行います。

自分で書類を作成したり計算したりするのは難しいと思いますが、国税庁ホームページにある「確定申告書等作成コーナー」を使えばとても簡単です。平均課税の項目を選択し、所得金額などを入力すれば、自動的に計算や書類作成をしてくれます。

平均課税は毎年使うようなものではありませんが、ライターや著者として大きな売上が発生したときは思い出してください。

開業届の職業欄に「文筆業」と書くべき理由

フリーランスなどの個人事業主にかかる税金のなかに、「事業税」というものがあります。事業税は地方税の一種で、年間290万円を超える所得に対して課せられるものです。

毎年、税務署に確定申告書を提出すると、この情報が皆さんのお住まいの市区町村の役所に引き継がれます。その後、住民税の通知が6月に、事業税の通知が8月に送付され、納税を求められる流れとなっています。

事業税の税率は業種によって3～5％に設定されていて、たとえば東京都の場合、個人で飲食店を営んでいるのであれば税率は5％です。

この事業税、実はライターやプログラマー、デザイナーなどの場合、納税が免除されています。これらの業種は、事業税の対象となる「法定業種」に含まれていないので、事業税がかからないのです。

事業税がかかるかどうかを役所がどうやって判断しているかというと、市区町村に提出した開業届や、確定申告書に記載する職業欄を見ています。職業欄の記載を気にする人は少ないと思いますが、実はとても重要なのです。

もしもあなたがライターの仕事をしているにもかかわらず、職業欄に「広告業」などと書いたら、事業税の納税を求められかねません。「請負業」と判断された場合も、事業税がかかる業種とみなされます。

このようなことにならないよう、職業欄には「ライター」や「文筆業」など、ご自身の仕事を表す職業を正確に書いてください。もし、実際は事業税がかからない仕事をしているのに、役所から事業税の通知や問い合わせなどが来た場合には、きちんと仕事の内容を説明する必要があります。

収入が増えたら社会保険料対策を

ここまでお伝えしてきた節税方法を使えば、税金の負担はある程度抑えられるはずです。

本書ではフリーランス向けの節税方法を中心にお伝えしていますが、ほかにも医療費控除や住宅ローン控除など税金を下げる方法は色々とあるので、詳しくは拙著『僕らを守るお金の教室』（サンマーク出版）をお読みください。

ただ、このような方法で税金を下げることができても、国民健康保険料の負担を下げるのは難しいのが実情です。

なぜなら、国民健康保険料は前年の所得金額や家族構成によって決まり、医療費控除などの控除が加味されません。平均課税のような仕組みもないので、ある程度の収入がある人は負担が重たくなってしまいます。

国民健康保険料の計算は、お住まいの場所によって若干異なりますが、年間所得

1000万円ほどであれば、ざっと年間100万円近くの保険料がかかる計算です。

この保険料負担を抜本的に下げる方法のひとつに、法人化があります。法人化をすると国民健康保険を脱退し、協会けんぽという別の健康保険に加入することになるので、法人化によって保険料を下げることは理論的には可能です。実際に僕は社会保険料対策のために法人化しています。

しかし、後ほど詳しく説明しますが、法人化は誰しもにすすめられるものではありません。税金や社会保険などの高度な知識が必要になり、手続きが複雑になってしまうので、多くのフリーランスは個人事業主を続けるのが現実的でしょう。

文芸美術国民健康保険（文美国保）とは

そこで、法人化をせずに国民健康保険料の負担を抑える対策として検討したいのが、文芸美術国民健康保険（文美国保）への加入です。文美国保とは、文芸・美術・映画・写真などの業種に従事する個人事業主やその家族が加入できる健康保険組合です。ライターとして仕事をしている人は、こちらに加入できる可能性があります。

国民健康保険料は前年所得に応じて負担が増えますが、文美国保は保険料（令和6年度）が以下のとおり定額となっているのがポイントです。

本人：月額2万5700円
家族：月額1万5400円
介護護保険（40歳から64歳）：月額5700円

国民健康保険料と文美国保のどちらが有利なのかは、所得金額や家族構成によって異なります。文美国保のホームページでは保険料のシミュレーションを行うことができますので、こちらで検討してみてください。

たとえば「家族3人（内40歳以上が2人）」で、「年間所得900万円」の場合、次のような結果が示されました。国民健康保険（杉並区）が保険料104万円に対して、文美国保の保険料は99万9600円という結果です。

なお、文美国保に加入するには、文芸美術国民健康保険組合に加入しているいずれかの団体の会員になる必要があります。文美国保のホームページ（https://www.bunbi.com/about/groups/）からご自身の仕事の内容に合う団体を探し、加入手続きを行ったうえで、文美国保の審査を受けてください。団体ごとに年会費などがかかるので、そのコストやメリットも含め総合的に判断するようにしましょう。

年収1000万円を超えたら法人化すべき？

税金対策や社会保険料対策のために法人化を考える人は、安易な判断は厳禁です。法人化が気になっている人は、おそらく「年収1000万円を超えたら法人化すべき」といったアドバイスを耳にしたことがあるのではないでしょうか。このような考え方が広まっているのは、所得税と法人税の税率の違いが主な理由です。しかし、この単純な比較だけで法人化を決断するのは非常に危険です。その理由を細かく説明したいと思います。

まずは、個人にかかる所得税と、会社にかかる法人税の税率を比較してみましょう。

所得税は5％から45％までの7段階となっていて、所得が増えるほど適用される税率が上がっていきます。一方、法人税は主に2つの税率があり、課税所得800万円以下の場合は15％、800万円を超える場合は23・2％となっています。

この税率の違いから、個人事業の課税所得が900万円を超えると、所得税の税率が33％となり、法人税の税率（23・2％）を上回ります。これが「年収1000万円を超えたら法人化」という考え方の主な根拠となっていると考えられます。

しかし、**この比較だけで法人化を判断するのは大きな間違い**です。なぜなら、法人化すると所得税や法人税以外にもさまざまな税金や費用が発生するからです。

法人化でかえって税負担が増える可能性

たとえば先ほどライターは基本的に事業税がかからないと説明しましたが、法人化した場合、たとえライター業でも法人事業税が必ずかかります。節税効果が高い平均課税も、法人化すれば使うことはできません。また、個人事業なら1年間の業績が赤字の場合は税金がかかりませんが、法人の場合は赤字でも必ず年間7万円ほどの法人住民税がかかります。

こうした細かい点まで考慮すると、法人化することでかえって税負担が増える可

会社と個人の税金のバランスを考える

・会社の税金だけを考えて役員報酬を増やすと、自分個人の所得税や住民税が増える

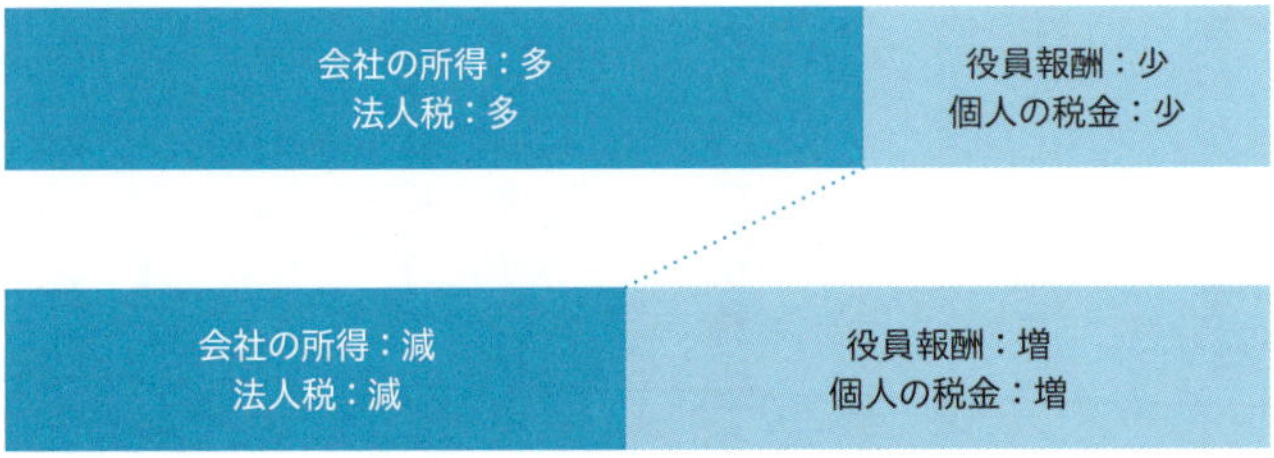

能性があるのです。

さらに、法人化した場合、自分自身に役員報酬を支払うことになりますが、この報酬に対して所得税や住民税がかかることを忘れてはいけません。

役員報酬を増やせば会社の法人税は減りますが、その代わりに個人の税負担が増えてしまうので、会社と個人の税金を総合的に考えて役員報酬を設定することが重要です。

さらに、税金の問題に加えて法人化による社会保険への影響も考慮しておく必要があります。社会保険料は役員報酬に応じて決まるので、この意味で

も役員報酬を上手に設定するためには、高度な専門知識が必要です。

法人化には煩雑な手続きが必要になる

必要な手続きの複雑さも、僕が法人化を安易に人に勧めない理由のひとつです。個人事業の確定申告であれば、自分だけで仕上げるのは難しくはありません。会計ソフトを使って売上などを集計し、確定申告書を作成するのは多少面倒ではありますが、一度やってみればあとは毎年同じ作業の繰り返しです。

個人の確定申告を済ますと、その情報がお住まいの地方自治体に引き継がれ、住民税や事業税、国民健康保険料が自動的に計算されます。そして、役所から届いた通知にしたがって納税をすれば、手続きが完了します。

これが法人化すると、申告の手間がかなり増えてしまいます。法人の場合は、法人税、法人道府県民税、法人市町村民税の申告書をそれぞれ作成し、税務署、道府県税事務所、市町村の役所にそれぞれ提出しなくてはならないのです。

このほか、年に一度の年末調整の手続きや、社会保険関係の届出など、個人事業にはない手続きが法人にはいくつも存在します。こうした手続きを漏れなく行い、毎月の役員報酬から差し引く税金や社会保険料の計算なども行わなくてはなりません。

これらの複雑な手続きをひとりですべてこなすのは、ほとんどの人にとって現実的ではなく、税理士などの専門家の助けを借りることになるでしょう。そうすると、個人事業主の頃は必要なかった、税理士に払う報酬が新たに発生します。

このように、法人化にはメリットとデメリットがあります。そのため、「年商が1000万円に届きそうだから法人化」などと安易に考えるのではなく、専門家と相談しながら慎重に判断してください。

老後資金準備は節税を兼ねて

税金や社会保険料を軽くして家計に少しゆとりが出てきたら、次は老後資金の準備を始める段階です。

先に書いたように、国民年金だけでは老後の生活費には明らかに足りないので、現役時代から備えておく必要があります。ただ、低金利の日本では、単に貯金をする方法ではなかなかお金が増えていきません。

そこで活用したいのが、国が用意している公的な制度です。次のページの表のとおり、フリーランスを対象とした、「老後資金を貯めながら節税する」ための制度が色々とあるので、これをぜひ活用しましょう。

これらの制度は、老後のために毎月一定額の掛金を積み立てるものですが、掛金がすべて所得控除になります。つまり、掛金を払うほどに所得税や住民税の負担を減らすことができます。

掛金・保険料	税制メリット	注意点
月額400円	支払った付加保険料は全額所得控除の対象	国民年金基金と併用不可。受給開始から2年で元が取れるが、早期に亡くなると損
月額1000円～7万円(500円単位で自由に選択可能)	掛金全額が小規模企業共済等掛金控除の対象。共済金は退職所得扱い(一括受け取り)または公的年金等の雑所得扱い(分割受け取り)	常時使用する従業員が20人以下(商業・サービス業では5人以下)の個人事業主や会社役員などのみが利用できる
掛金は加入時の年齢やプランによって異なる	掛金全額が社会保険料控除の対象。受け取る年金も公的年金等控除の対象。遺族一時金は全額非課税	付加保険やiDeCoに加入していると掛金の上限が減る
月額5000円から6万8000円の範囲で、1000円単位で選択可能	掛金は全額所得控除。運用益も非課税。受け取り時も税金が軽減される	原則60歳まで引き出せない。付加保険や国民年金基金への加入で掛金の上限が下がる

たとえば、もともとは年間の課税所得が500万円の人が、iDeCoの掛金を年間12万円、小規模企業共済の掛金を年間38万円支払ったとしましょう。すると、課税所得500万円から、合計50万円を差し引くことができます。所得税と住民税の税率を合わせて仮に30％とすると、50万円×30％＝15万円を毎年節税できる計算です。

このように節税メリットが大きな制度が数々存在しますが、すべての制度をいきなり利用するわけにはいきません。限られた収入の一部を振り分ける形になりますから、優先度をつけて利用する必要があります。

〈個人事業主向けの制度〉

制度名	概要	主な特徴
付加保険	国民年金に上乗せして加入する年金制度	月額400円の付加保険料を支払うことで、将来の年金額が増える
小規模企業共済	小規模企業の経営者や役員が廃業や退職時の生活資金を積み立てる制度	事業資金の借り入れも可能
国民年金基金	自営業・フリーランスなどが加入する公的年金の上乗せ制度	終身年金が基本。掛金額が一定。税制上の優遇あり。遺族一時金あり
iDeCo	個人型確定拠出年金で、自分で運用しながら積み立てる私的年金制度	掛金を自分で運用。運用商品は投資信託や定期預金など。60歳以降に受け取り可能

（著者が作成）

そこでここからは、僕が各制度の中で実際に利用してきたものについて、優先度の高いものから順番に紹介していきます。

毎月400円払うだけで、年金を増やせる

老後資金準備の方法のなかでも、少額で気軽に始められるのが**「付加年金」**。付加年金は、毎月納めている国民年金保険料に、付加保険料として月々400円を追加で支払うことで、将来の年金を増やせる制度です。

この制度、あまり知られていないように思いますが、投資のリターンとしても非常に優れています。付加年金で投じたお金は、なんと将来的に15倍以上に増える可能性もあり、損をする可能性はほぼゼロです。

付加年金がどれほど有利な制度なのかを理解するために、計算の流れを見ていきましょう。まず、付加年金を利用することによって加算される年金の額は、次の計算式で求められます。

加算される年金額＝付加保険料を納めた月数×200円

〈付加保険のシミュレーション〉

年金受給期間	納める付加保険料(30年間の場合)	年金の加算額	リターン
1年	144,000円	72,000円	-50%
2年		144,000円	0%
10年		720,000円	500%
20年		1,440,000円	1000%
30年		2,160,000円	1500%

(著者が作成)

たとえば30歳から60歳まで、30年間にわたって付加保険料を納めた場合、納めた金額はトータルで14万4000円(30年×12か月×400円)。これに対して、将来増える年金は7万2000円(30年×12か月×200円)になります。

ここで、「増える年金よりも、納めた金額のほうが多いじゃないか!」と思われたかもしれませんが、加算額の7万2000円は〝年額〟です。

ということは、「14万4000円を支払うことで、毎年7万2000円をもらえる権利を得た」という形になりますから、付加年金を2年以上受け取れば元が取れますよね。その後はひたすら得していき、もし長生きして付加年金を30年受け取ったなら、付加年金によるリターンは15倍まで達します。

付加年金によって将来加算される年金の額は、付加保険料を納めた期間が長ければ長いほど、そして、長生きすればするほど、増えていきます。

付加年金に加入できるのは60歳までで、遡って加入することはできません。フリーランスになったら、できるだけ早めに市区町村の役所もしくは年金事務所で加入手続きをしておきましょう。

使い勝手の良さが魅力の小規模企業共済

数ある老後資金対策の制度の中で、僕が付加年金と並んで優先すべきと考えるのが、「小規模企業共済」です。

この制度を利用できるのは、常時使用する従業員数が20人以下（商業・サービス業では5人以下）の個人事業主や会社役員などに限られていますが、フリーランスならほぼ確実に利用できます。

まずは節税面のメリットとして、支払った掛金が全額所得控除となるので、所得税と住民税を減らすことができます。さらに、将来的に解約して共済金を受け取るときにも、税金が抑えられるようになっています。

このような節税効果は、後ほど説明するｉＤｅＣｏなども同様なのですが、僕がとりわけ小規模企業共済を優先すべきと考える理由は、「困ったときに現金を得られる」からです。

小規模企業共済は途中解約が可能で、さらに独自の貸付金制度を利用することもできます。貸付金制度は、小規模企業共済の掛金の7割から9割を限度として借り入れができるというものです。つまり、ある程度の金額を小規模企業共済に積み立てておけば、いつでも審査なしでお金を借りることができます。

このような仕組みがあるため、小規模企業共済で掛金を積み立てていた場合、いざというときに現金を得ることができ、資金繰りに役立つのです。フリーランスの収入は不安定で、業績が悪いと銀行からお金を借りるのは難しくなります。そうした場合に備えて小規模企業共済からすぐにお金を借りられる状態をつくっておけば、安心感が高まります。

急な事態にも掛金を減額することで対応できる

もうひとつ、小規模企業共済が資金繰りに役立つ理由があります。

それは、**「掛金を簡単に変更できる」**という点です。

小規模企業共済の掛金は1000円～7万円の範囲で設定できます。この範囲内であれば、いつでも500円単位で増減することが可能です。掛金の変更について特別な条件はなく、希望するタイミングで届出書を出せば、次回の引き落としから変更後の金額になります。

したがって、たとえば事業の業績が悪化したり、生活費などでお金が必要になったりしたときは、掛金を減額することで対応できます。そうして、いずれ業績が戻ったときに掛金を増額すればいいのです。僕も業績の良いときは満額の月7万円を積み立て、少しお金の心配が出てきたら掛金を減らしてしのいできました。

ちなみに、小規模企業共済を利用している状態でお金が必要になったら解約して現金化することも可能ですが、できるだけ貸付金制度や掛金の減額で対処することをおすすめします。

なぜなら、加入期間が240か月未満で解約すると元本割れしてしまい、加入期間が短くなるほど戻ってくる解約手当金が少なくなってしまうからです。このようなデメリットがあるので、解約はあくまで最終手段と考えておきましょう。

お金を増やすなら、まずNISAのつみたて投資枠

小規模企業共済はメリットの大きな制度ですが、「お金を増やす」という観点ではやや力不足です。

株式投資などであれば穏当に見積もっても年率3％程度のリターンが見込めますが、小規模企業共済の予定利率は年率1％にとどまります。たとえば毎月1万円を30年間運用した場合、年率1％なら420万円であるのに対して、年率3％なら583万円になりますから、できれば投資のリターンも狙っていきたいところです。

そこで、小規模企業共済を利用してさらにお金に余裕がある人は、ぜひNISA（少額投資非課税制度）を使って投資に挑戦してみましょう。

投資をして配当金や売却益を得た場合、通常は20・315％の税金がかかりますが、NISAを使うことで税金がゼロになります。NISAは2024年1月からパワーアップして、非課税期間が無期限となりました。そのため、NISA口座内

で運用を続ける限り、ずっと税金がかかりません。

ＮＩＳＡには、従来のつみたてＮＩＳＡに相当する「つみたて投資枠」と、個別株投資などに対応する「成長投資枠」という2つの枠があります。

つみたて投資枠は年間１２０万円、成長投資枠は年間２４０万円が限度で、これらの枠を併用できるため、最大で年間３６０万円まで投資をすることが可能です。ただし、生涯で使える非課税枠は１８００万円まで（このうち、成長投資枠は１２００万円まで）となります。

迷ったときは「つみたて投資枠」を優先

つみたて投資枠と成長投資枠のどちらを利用するか迷ったときは、つみたて投資枠を優先しましょう。この制度は、「長期・分散・積立」という、安定的な資産運用を行える投資信託だけが対象となっていて、投資初心者の人にも適しているからです。

一方、成長投資枠は個別株投資などにも対応しているので、投資商品の選択肢は多くなりますが、その分リスクが高くなります。

会社員よりもフリーランスはリスクが高いので、投資で過度なリスクを負うべきではありません。できるだけ手堅い投資をするためにも、NISAはつみたて投資枠をベースにし、あくまで余剰資金で利用するようにしましょう。

老後資金準備の総仕上げはiDeCoで

フリーランスの老後資金対策の最終段階として活用したいのが、「iDeCo」(個人型確定拠出年金)。個人でお金を出してつくる年金、いわゆる「自分年金」のことです。

iDeCoに加入すると、毎月一定の掛金を支払い、これを運用した金額を原則60歳以降に受け取ることができます。

20歳以上60歳未満の個人であれば誰でも加入できますが、毎月の掛金には上限があり、会社員の場合は最大でも月額2・3万円が限度。ところがフリーランスは最大6.8万円まで(※)掛金を積み立てることができ、会社員よりも優遇されています。

※国民年金基金と付加保険の掛金とiDeCoの掛金を合わせて月額6・8万円が限度となります。

小規模企業共済と違い、ｉＤｅＣｏの掛金の運用方法は自分で選択できるので、高いリターンを狙うことが可能です。

ｉＤｅＣｏで運用できる商品は、大きく「元本確保型（定期預金・保険）」と「元本変動型（投資信託）」の2種類に分けられます。

この2つのうち、僕は投資信託をおすすめします。元本確保型は元本が保証されているものの、投資で利益を得るという意味では力不足ですし、運用益が非課税になるというメリットも十分に生かせません。

一方、元本変動型は、元本保証はないものの、長期的に投資を続ければある程度確実にリターンを狙えます。しかも運用益は非課税なので、ｉＤｅＣｏのメリットを生かすなら元本変動型が合理的です。

どうしても元本変動型では不安という場合は、元本変動型と元本確保型を組み合わせる方法もあります。例えば投資額の半分を元本変動型にして、残りを元本確保型にするといった形です。

iDeCoはあくまでも老後資金対策の最終段階に

会社員であればiDeCoを積極的に利用することをおすすめしますが、フリーランスの場合、iDeCoはあくまでも老後資金対策の最終段階にすべきと僕は考えます。というのも、iDeCoには「途中換金が難しい」というデメリットがあり、収入が不安定なフリーランスにとってはややリスクが高いからです。

小規模企業共済やNISAでお金を貯めていたら、いざというときは現金化できますが、iDeCoではそれができません。iDeCoの場合、いったん利用を始めると、原則として60歳以降の受け取り開始時期まではお金を戻せないのです。そのため、iDeCoにお金を集中させてしまうと、業績悪化や医療費などの問題を抱えたとき、困る可能性が高くなります。

一応、iDeCoの掛金を減らして急場をしのぐ方法は可能ですが、掛金の設定は最低で月5000円と決められており、掛金の減額ができるタイミングは1年に一度きりです。小規模企業共済が最低月500円から、NISAが月100円から設定でき、掛金をいつでも変更できるのに比べると、iDeCoは柔軟性に欠けています。

フリーランスが老後資金の準備を行うなら、次のような順番でお金を投じるのが無難です。いきなりさまざまな制度を利用するのではなく、段階的に制度を利用して、少しずつ老後の備えを手厚くしていきましょう。

1　独立したらすぐに付加保険と小規模企業共済に加入する
2　小規模企業共済の積立額がある程度貯まったら、小規模企業共済の掛金を減らしてNISAにあてる
3　さらに余裕があれば、小規模企業共済とiDeCoの両方の掛金を増やす

自分を高く買ってくれるクライアントと向き合う

経営の神様と称された稲盛和夫氏は、「値決めは経営」という有名な言葉を残しました。

企業経営者と同様、フリーランスにとっても値決めは重要です。仕事の報酬は自分自身で決めなくてはならず、これを間違えると仕事を続けることが難しくなってしまいます。

独立したばかりの人は、「まずは低い報酬で仕事を多く受け、信頼を積み重ねてから値上げ交渉をしよう」と考えるかもしれません。でも、僕はフリーランスの経験を重ねるうちに、そうした方法があまり現実的ではないと感じています。

なぜなら、クライアントは予算の制約を抱えながら仕事の発注をしており、「値上げして」と言っても受け入れるのが難しい事情があるからです。

そのため、報酬の条件が良くないクライアントと取引を続けると、収入をいつまでも増やすことができません。収入を増やしたければ、予算を多くもつクライアントに少しずつ入れ替えていく必要があるのです。

こうした意味合いから、僕は次のようにルールを設定して仕事を受けています。

1　同時期に複数の依頼が来た場合、基本的に報酬の高い案件を優先する。
2　新規の依頼が来た場合、1の高報酬案件を目安に報酬を提示する。

このルールを決めてから、僕の報酬単価は値上げ交渉を行わずとも自然と上がっていきました。たとえばインタビュー記事の場合、独立当初は2万円台でお引き受けしていましたが、現在は同様の仕事量で5～20万円ほどの報酬をいただいています。

ルールを決めると、断るときも楽

クライアントに対して直接値上げ交渉を行うのも、「報酬が低いから」とダイレクトに説明して仕事を断るのも、なかなか難しいものです。でも先ほどの2つのルールを決めておけば、値上げ交渉をせずとも仕事の単価が上がっていきますし、条件が合わないオファーが来たときは「他の仕事が入っているのでお引き受けできない」という理由で断りやすくなります。

やや不遜な言い方になってしまいますが、フリーランスは、自分を高く買ってくれるクライアントと優先的に仕事をしたほうがよいと僕は思っています。

なぜなら、**あなたを高く買ってくれるクライアントは、あなたをうまく使ってくれるクライアントである可能性が高い**から。

高い報酬でオファーをいただけるということは、そのクライアントは、あなたの知識やスキルを活用して、高い報酬に見合う利益を得られると期待していると考えられます。そうしたクライアントとの取引を優先すれば、お互いにウィンウィンになり、満足のいく結果を生みやすいと思います。

値づけは、単に報酬を上げるだけの問題ではありません。自分の価値を適切に評価し、その価値を最大限に生かしてくれるクライアントと協働することができれば、フリーランスとしての持続可能性が高まっていきます。

インボイス制度への対応はこう考える

フリーランスの仕事の値づけに関して、2023年10月にスタートしたインボイス制度のことも頭に入れておく必要があります。

インボイス制度は消費税の新しいルールなのですが、理解するのが難しい仕組みになっています。ここでは、細かい部分の説明は割愛しつつ、フリーランスの値づけに関わる部分に絞って簡単に解説したいと思います。

インボイス制度が始まるまでは、多くのフリーランスは消費税のことをあまり考える必要がありませんでした。なぜなら、原則として年間売上1000万円未満であれば「免税事業者」という扱いになり、消費税の申告納税を免除されていたからです。

ところが、インボイス制度がスタートしてから、年間売上1000万円未満でも消費税の申告納税が必要となるケースが出てきています。

インボイス制度の仕組みを理解するために最初に押さえておかなければいけないのが、消費税の計算方法です。

消費税の課税事業者の場合、「受け取った消費税」から「支払った消費税」を引いた差額を納税するのが原則です。このように消費税を差し引くことを、仕入税額控除と呼びます。

例えば免税事業者であるライターが仕事を受けて、課税事業者である出版社に対して2万円の報酬を請求したとしましょう。インボイス制度が始まる前であれば、2万円に消費税2000円を加算した2万2000円が出版社からライターに払われるのが普通でした。出版社としては、支払った2000円をすべて仕入税額控除で差し引けたので、実質的な負担がなかったからです。

ところが、インボイス制度が始まってからは、従来のように仕入税額控除を使うためには、ライターに「適格請求書」（インボイス）を発行してもらわなくてはならなくなりました。

適格請求書とは、取引の日付や取引先など、法律が定める情報がすべて書かれた請求書を意味します。この適格請求書には、「登録番号」という税務署で発行してもらうナンバーを書く必要があるのですが、消費税の免税事業者のままでいると、申請しても登録番号が発行されません。

そのため免税事業者は適格請求書を発行できないのですが、そのままでいるとクライアントから「消費税の負担が増えるから、免税事業者との取引を控えたい」と判断されるおそれがあります。その結果として、売上が減ってしまうかもしれません。

この事態を避ける方法として、「あえて消費税の課税事業者になる届出を行ったうえで、インボイス登録の手続きを行う」というものがあります。ただ、この方法によって適格請求書を発行できるようにはなりますが、その代わりに消費税の申告納税の義務が発生するデメリットが生じます。

話を整理すると、**年間売上1000万円未満のフリーランスは「消費税の負担が増えるのを覚悟でインボイス登録をする」「受注が減るのを覚悟で免税事業者を続ける」のいずれかの選択を行わなくてはいけません。**

僕がインボイス登録を見送った理由

僕自身は、ひとまず初年度のインボイス登録は見送りました。というのも、適格請求書を発行できないことで、どれくらい受注が減るか読めなかったからです。そこで、まずは影響を見極めてからインボイス登録するか判断したいと考えました。

また、インボイス制度には事業者への影響を抑えるための経過措置が設けられていることも考慮しました。２０２３年10月１日からこのインボイス制度が開始しましたが、２０２９年９月30日までの６年間は経過措置期間となっていて、当初の３年間は免税事業者に対して払った消費税の80％を仕入税額控除でき、後半の３年間は50％を仕入税額控除できる、という形になっています。

つまり、インボイス制度の影響は２０２３年10月から一気に生じているのではなく、６年間にわたって徐々に影響が重たくなっていくということです

僕はインボイス登録をせずとも取引が一気に減ることは考えにくいと予想し、インボイス登録を見送りましたが、現時点では仕事が減ったとは感じていません。

ただ、今後経過措置が終わり、少しずつインボイスに登録する人が増えてくれば、「適格請求書を発行できるライターに依頼する」と判断するクライアントが増えることが予想されます。

こうした先ゆきを考えると、今後はインボイス登録を行うことを視野に入れておいたほうがよいかも知れません。その場合は、「適格請求書を発行する＝消費税の負担が増える」という形になるので、仕事の報酬の値付けも考え直す必要があります。

消費税として受け取る10％を自分の収入として考えているフリーランスの人は今も多いと思われますが、インボイス登録をすれば、受け取った消費税の一部を納税しなくてはいけません。その税負担に耐えられるよう、5～10％程度仕事の報酬を値上げしていくことが望ましいです。

フリーランスを守る法律を知る

フリーランスの多くは、クライアントから仕事を受注する立場にあるため、どうしても力関係で不利な状況に置かれがちです。

きちんと仕事をしたのに、クライアントの都合で代金を払ってもらえなかったり、後から仕事の条件を変えられたりすると、大変困ってしまいます。

このような問題からフリーランスを保護する法律として、下請法というルールが設けられています。下請法は、発注側に対していくつかの禁止行為を設けており、納品物を受け取ることを拒否したり、報酬の支払いが遅れたりすることなどを禁じています。先ほど説明したインボイス制度も下請法と関係があり、たとえばインボイス制度を理由として一律に報酬から10％減額するような措置は下請法違反です。

僕もかつて、ブックライティングの仕事でほぼ1冊分の原稿を書き終えたにもかかわらず、制作側の都合で発売が取りやめとなり、報酬が支払われないことがありました。その際に下請法の話を出しながら交渉を行ったところ、報酬の一部を支払ってもらえました。

ただし、下請法の規制を受けるのは資本金1000万円を超える事業者に限定されます。そのため、資本規模が小さなクライアントから受注をした場合は、下請法による保護を受けることができません。

こうした状況を受け、2024年11月1日から、新たに「特定受託事業者に係る取引の適正化等に関する法律」（以下「フリーランス新法」）が施行されます。

フリーランス新法は下請法と内容が重複する部分も多いのですが、資本金1000万円以下の事業者も規制を受ける点が大きなポイントです。そのため、小規模事業者などから仕事を請け、下請法の保護を受けられないときも、フリーランス新法が助けてくれる可能性があります。

さらに、フリーランス新法には、下請法にはない、「フリーランスの就業環境の整備」というルールが盛り込まれています。「子どもの急病により予定していた作業時間の確保が難しくなったため、納期を短期間延期したい」といった申し出があれば、クライアントは納期を変更しなければならないことが法律上求められるようになったのです。

トラブル解決に専門家の助けが必要なときは

このような法律の知識を使って、フリーランスが自分でトラブルを解決できれば一番なのですが、専門家のサポートが必要になる場合もあるでしょう。

僕も加入しているフリーランス協会の会員になると、年会費1万円でさまざまな特典を使えるのですが、そのひとつに「フリーガル」という保険サービスがあります。

フリーガルは、フリーランス向けの報酬トラブル弁護士費用保険で、報酬未払いなどの法的トラブルに巻き込まれた際に、弁護士費用をカバーすることを目的としています。年間保険料や自己負担なく、1件あたり70万円までの弁護士費用をサポートしてくれるので、こういったサービスも有効に活用するといいでしょう。

お金がないときは遠慮せず公的支援を頼る

この章では、さまざまなお金の問題解決の方法をお伝えしてきました。ここまでの内容を押さえておけば、金銭面での安定度はかなり高まると思います。

ただ、すべての方法を実践したとしても、フリーランスである以上、金銭面で絶対に安心とはいきません。体調を崩したり、不景気に見舞われたり、不可抗力の問題に直面する可能性は常にあります。

そのようなどうしようもない状況に置かれたときは、ぜひ公的な支援を頼ることを考えてください。

僕の経験を例に挙げると、コロナ禍を受けてインタビューのある仕事やイベント取材の案件などがことごとく中止となり、2021年度は売上がかなり減ってしまいました。

幸い、書籍の印税収入のおかげですぐにお金がなくなる状況ではなかったのですが、コロナ禍はいつ終わるか予想がつきません。「この状況が続くとマズい」と思った僕は、自分が対象になる公的な支援がないか調べました。

すると、売上が減少した事業者に支給される給付金や、新規事業のコストを補ってくれる補助金、無利息で受けられる融資など、いくつか条件を満たせる支援制度があることを知りました。

その後、できるものから申請をした結果、取引が中止となったことによる売上減少をある程度給付金で補うことができたのです。

さらに、「小規模事業者持続化補助金」という、取引拡大のためのコストを補助してくれる制度を利用して、動画を使ったビジネスにチャレンジすることを決めます。補助金のおかげで撮影機材などの購入費を抑えることができ、ＹｏｕＴｕｂｅや動画サービスを始めました。

このような公的な支援制度の多くは、中小企業庁のホームページにある経営サポートのコーナー（https://www.chusho.meti.go.jp/keiei/index.html）で情報を確認できます。最新情報をチェックして、ご自身の状況に当てはまりそうな支援制度を探してみてください。

公的支援を受けるために大事なこと

最後に、このような公的支援を受けるうえでとても大事なことがあります。それは、「開業届を出し、確定申告をする」ということです。

当たり前に思われるかもしれませんが、フリーランスの中には、税務手続きの煩雑さから、あえて開業届を出さない人がいます。そうすると、たしかに確定申告や帳簿作成は簡単になるのですが、国や地方自治体から「事業者ではない」と判断され、公的支援を受けられなくなるリスクがあります。

実際、新型コロナの問題を受けて出された数々の公的支援を申請する際、開業届や確定申告書の控えのコピーの提出を求められていました。僕の知り合いのライターの方は、開業届を出していなかったことから、給付金をもらうための手続きができなかったそうです。

このように不利な状況に置かれてしまいかねないので、国や地方自治体が行っている支援制度を活用するためにも、事業者としてきちんと税金の手続きを理解し、実行することは何より大切です。

厳しい状況に置かれても、公的な支援を使って耐え抜けば再びチャンスを掴むことができます。調子がいいときはきちんと納税し、困ったときは助けてもらう。僕は、そのように常に意識しています。

フリーランスにとって最も重要なのは生き残ることです。お金のルールを使いこなし、少しでも生存確率を高めていきましょう。

第4章
自分でメンタルを整える

不安定なフリーランスは、将来への不安を抱えやすいもの。
納期のプレッシャー、クライアントからの評価
最近ではSNS運用など、悩みは尽きません。
ストレスがたまると、メンタルの問題は
仕事のパフォーマンスに必ず影響します。

心穏やかに仕事を続けていくためには
できるだけ「やりたいこと」の割合を増やすこと
スケジュールにあえて余白をつくること
居場所をつくること
などが重要になってきます。
もし仕事が途絶えてしまったときにも、できることはあります。

あなたはひとりではありません。
未来に向かって、常に一歩ずつ、歩みを続けましょう。

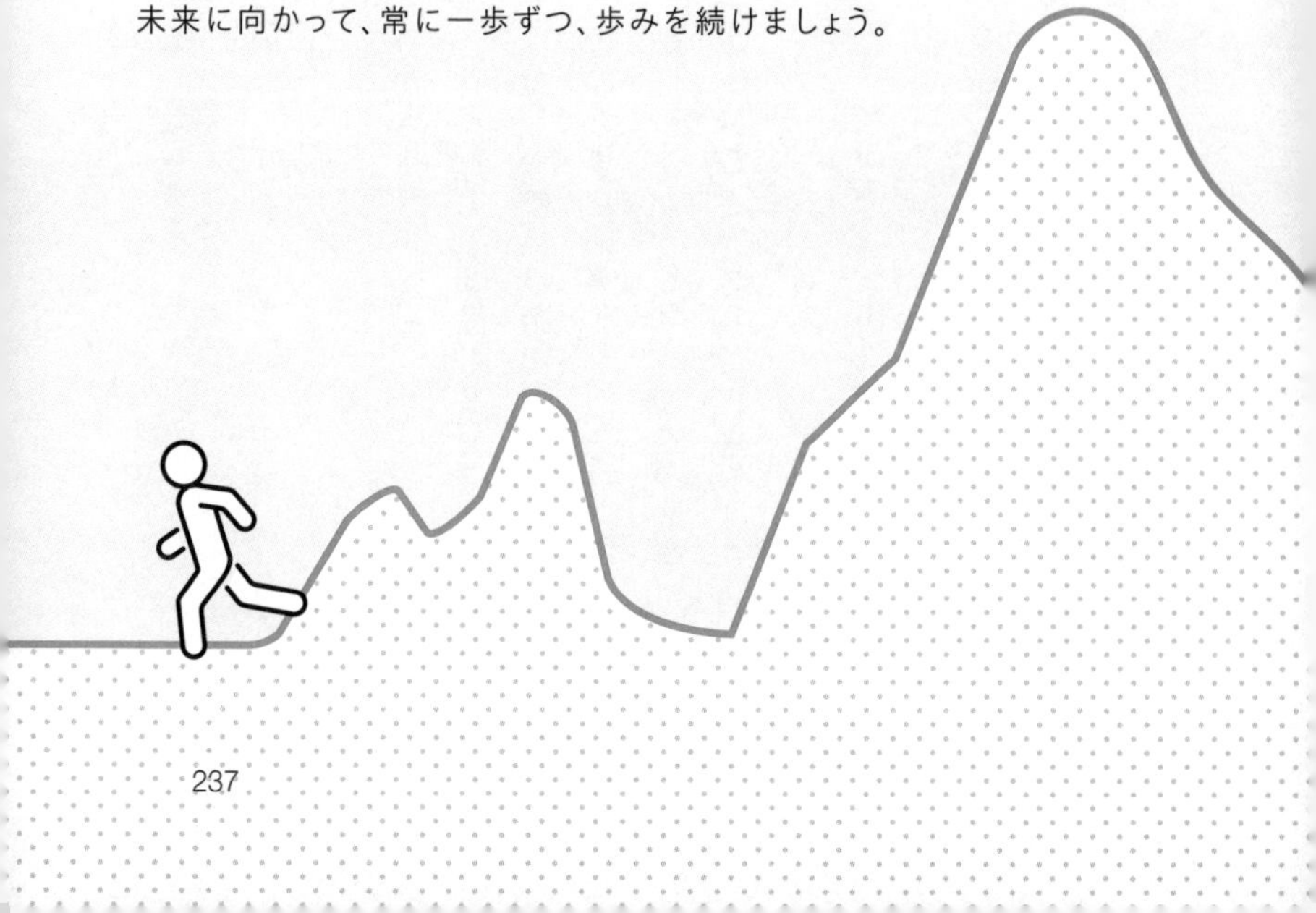

自分の面倒を見るのは自分だけ

フリーランスは、外からはストレスフリーに見えるかもしれません。毎日満員電車に乗らなくてもいいし、上司や部下といった上下関係もない。時間や場所を選ばず仕事ができるので、そういった面ではたしかに気は楽です。

ただ、フリーランスにはさまざまなストレスがあるのもまた事実。

収入が不安定なので将来への不安を抱えやすく、納期のプレッシャーやクライアントからの評価に悩むこともあります。それに、基本的にひとりきりで仕事をするので、ストレスを自分だけで抱え込みがちです。

ストレスがたまると、**メンタルの問題は仕事のパフォーマンスに必ず影響します。**

頭の中が悩みでいっぱいになっていたら、満足な仕事をすることはできません。その結果、納期に遅れたり、クライアントからの評価を下げたりすれば、金銭的な問題にも発展します。こうしてフリーランスはさらなるストレスを抱え、悪循環に陥ってしまうのです。

僕も、普段からさまざまな仕事のプレッシャーにさらされていますが、すぐに相談できる人は身近にいませんでした。家族や友人と話せないわけではないのですが、同じ仕事をしていない人には、なかなか相談するのが難しいと感じます。

これは、同じ仕事をする人たちに囲まれながら働いていた公務員時代と大きく違う点です。何か悩みがあったとき、「大変なんです」と愚痴をこぼせる先輩や同僚がいた頃を懐かしく思うことは、今でもときどきあります。

悩みを抱えてから対処するのではなく、抱える前に対策

そうして僕は、徐々に「自分で自分のメンタルを整える」ということを意識するようになりました。仕事の進捗やお金の管理と同様に、フリーランスはメンタルも自分自身で整えなくてはいけません。

そこで僕が大事にしているのが、悩みを抱えてから対処するのではなく、あらかじめ悩みを抱えずに済むように心がけるということ。病気でもケガでも、病院で治

すよりも未然に防げたほうがいいように、精神的な悩みも、問題の芽は早めに摘み取っておきたいです。

ただ、できるだけ早く対処すべきですが、むやみに慌てないことも大切なことだと思います。

僕が自分の中でイメージとしてもっているのが、水がいっぱいに満ちた大きなたらいを、両腕に抱えている姿です。この水は、僕の心の動きを表していると考えてください。

もしも、たらいを抱えている状態で問題にぶつかったら、たらいの水はいくらか揺れるでしょう。このとき、水の揺れに動揺して身体を動かしたら、ますます水の揺れが大きくなりますよね。さらに右往左往していたら、やがてたらいの水を全部ひっくり返してしまうでしょう。

そんな大惨事を防ぐために何より必要なことは、**「立ち止まる」**ことだと思います。自分自信が動きを止めれば、水の揺れは自然と収まっていきます。

このような意識で、僕は何か問題にぶつかって心が揺れたとき、できるだけ慌てないように努めています。起きた問題のことはいったん脇に置き、まずは心を落ち着ける。そのうえで、問題の解決に向けた具体的な行動を取れば、たいていの場面は何とかなるものです。

やりたいことと、やりたくないことを分ける

独立をするとき、「やりたいことを仕事にすると、辛くなる」というアドバイスを何度かもらいました。

そのアドバイスの根拠は、やりたいことを仕事にすると色々な責任が発生して、楽しめなくなるという考えにあるようです。つまり、「やりたいこと」をすると、「やりたくないこと」もついてくるというわけですね。

このようなアドバイスは一見正しいように思えますが、本当にそうなのでしょうか？　僕からすると、人の挑戦を諦めさせる言葉であり、もう少し人生を前向きに考えたほうがよいように思えてなりません。

できるだけ「やりたいこと」の割合を増やす

どんな仕事にも、「やりたいこと」と、「やりたくないこと」が混在しているのは

当然です。でしたら、この2つを分けて、できるだけ「やりたいこと」の割合を増やせばいいと僕は思います。
たとえば、僕がライターになってやりたかったこと、やりたくなかったことは、次のようなことです。

〈やりたかったこと〉
・面白い人を取材したい
・さまざまな経験をしたい
・文章を書く仕事をしたい
・時間や場所にとらわれずマイペースで仕事をしたい
・自分の知識や経験が生かされる仕事をしたい

〈やりたくなかった（避けたかった）こと〉
・お金のプレッシャー
・納期のプレッシャー
・仕事を取るための飛び込み営業

・徹夜で仕事をすること
・不規則な生活スタイル

この本の前章までに書いてきたことは、これら予想された問題を避けるために行ってきた自分なりの工夫と言えます。

お金のプレッシャーをなくすために節税や投資に取り組み、納期のプレッシャーをなくすために仕事の効率化を図り、飛び込み営業をせずに受注を獲得できるようブランディングを意識してきました。

徹夜は、独立してから一度たりともしていません。もともと夜中に起きているのが苦手なこともあって、基本的に毎日夜10時に寝ています。朝は5時半に起き、仕事は9時から午後5時までが基本で、土日祝日は仕事をしません。公務員時代と比べても、かなり規則正しい生活を送っていると思います。

自分らしいライフスタイルをデザインしよう

このような具体的なアクションによって、自分にとって望ましいライフスタイルを実現できたのは、僕があらかじめ、やりたいこと、やりたくないことを明確にしていたことが大きかったと思います。

フリーランスのいいところは、自分で工夫をして、すぐに仕事や生活に取り入れられるところです。やりたくないことがあれば、それを減らすための工夫をすることで状況を改善できます。

自分らしいライフスタイルをデザインすることで、フリーランスの生活はより快適になり、「やりたいことを仕事にしたら、ますます人生が楽しくなった」ということが現実になるのです。

朝に理想的なスタートを切る

独立してからしばらく、僕は自由に活動できる生活を楽しんでいましたが、だんだん決まりごとのないライフスタイルにストレスを感じるようになりました。

いちいち「次は何をしようか」と考えるのは、結構煩わしいものです。徹夜こそしませんでしたが、朝の時間をついダラダラ過ごし、日中は仕事に追われるような生活をしばらく続けた後、僕はメリハリをつけたいと考えるようになりました。

そこでまずは公務員の頃と同じように9時~17時を基本的な仕事時間として、できる限りこの時間内で仕事を終えるように決めました。お昼休みは12時から1時間ほど。仕事が多いときは少し仕事の時間を延長しますが、それでも家族と夕食を食べる午後6時過ぎには片づけます。

これだけでも十分仕事とプライベートのメリハリはつきましたが、朝の時間帯をもっと有効に使いたいと思い、いわゆる「モーニングルーティン」をつくりました。

・5時30分　起床

毎晩10時頃に寝て、翌朝5時半頃に起床します。カーテンを開けて寝ているので、日の出とともに自然と目が覚めます。起きたら窓を開け、寝室の空気を入れ換えつつ空模様を眺めます。

・〜6時　モーニングページ

モーニングページとは、作家ジュリア・キャメロンの著書『新版　ずっとやりたかったことを、やりなさい。』(菅靖彦訳　サンマーク出版)で紹介されている創造性を回復するためのツールで、毎朝起きてすぐに思いついたことをノートに3ページ書き出すという習慣です。

この方法は、頭の中たまった雑念や不安を取り除き、心をクリアにすることで、その日のスタートをスムーズにし、創造力を高める効果があるとのこと。モーニングページに書く内容に制限はなく、愚痴やネガティブなこと、日常の些細なことなど、何でも自由に書いて構いません。

ノートに自分の本音を素直に書き出すことには、ストレス解消効果があると実感しています。自分自身を客観的に見つめ直し、心の整理ができるので、心の中のモヤモヤを晴らすことができます。

・〜6時30分　体操、瞑想

少しだけ身体を動かしてから、20分間ほど瞑想を行っています。瞑想は毎日2回、朝6時の瞑想は仕事に向けたスイッチオンとして、夕方5時の瞑想はスイッチオフのために行っています。

僕が続けているのは超越瞑想というもので、20分間目を閉じて、心の中でマントラと呼ばれる言葉を繰り返すという方法です。映画監督のデイビッド・リンチ氏や投資家のレイ・ダリオ氏の書籍で超越瞑想のことを知り、講習を受けることにしました。

それまでも瞑想に興味がありながら続かなかったのですが、超越瞑想は「努力のいらない瞑想法」と謳われるだけあって、1年以上毎日継続することができています。超越瞑想には、健康や勉強、仕事などにさまざまな良い効果があると言われ、たしかに心身のリラックス効果を感じます。

・〜7時　ウォーキング

天気がよければ、外に出て30分ほど歩きます。オーディオブックやｐｏｄｃａｓｔを聞きながら歩くこともありますが、あえてスマホを持たずに歩くのも思考が整理されてよいです。雨の日などは自宅で読書をしたり、軽い運動をしたりします。

・〜7時30分　朝食

フリーランスになって良かったことのひとつが、家族といつも一緒に朝食を食べられることです。子どもたちが学校に行くのを見届けたら、身支度をして仕事部屋に入ります。

・〜9時　自由時間

通勤がなくなったことで、1時間ほど朝の時間に余裕ができました。この始業前の時間はフリータイムで、読書をしたり、英語などの勉強をしたりしています。

どんなモーニングルーティンが適切かは人それぞれ違うと思いますが、朝の過ごし方を決めておくこと自体に、精神的に良い効果があると感じています。

早朝にメールの返事をしない

逆に、朝の時間の使い方として僕がやめたほうがいいと思うのが、メールやSNS、ネットニュースのチェックです。

今のモーニングルーティンをもつまでは、僕は朝起きたらすぐにスマホを見て、メールやSNS、ニュースなどをチェックしていました。このときに仕事のメールやネガティブなニュースを目にすると、それだけでストレスになってしまいます。

早朝にメールなどを見たところで、何も良いことはありません。急いで返信したところで、相手はまだ仕事を始めていないでしょうから。そんな風に朝から慌てて働くよりも、まずは自分のために時間を使い、仕事時間になったらしっかり頑張ればいいのです。

他人の都合ばかりに合わせていたら、だんだんと精神的に辛くなってくるものですが、自分にとって重要なことを一日のスタートにやっておくと、日中は心置きなく他の人のために頑張れます。

スケジュールに余白をつくる

僕にとって何よりメンタルの負担になるのが、予定をキャパ以上に詰めてしまったときです。

こうなると、家族と過ごしたり趣味をしたりしていても、仕事のことが気になって楽しめなくなりますし、好きで始めたはずの仕事も辛くなってきます。

マルチタスクはかえって非効率と言われますが、たしかに複数の仕事を抱えていると進捗が遅くなるように感じます。きっと、目の前の仕事に集中しなくてはならないのに、別の仕事が気になってしまうからなのでしょう。

こうした反省から、僕はあえてスケジュールに余裕をもたせるようにしています。厳密に計算しているわけではありませんが、毎月2~3日程度は余白をつくるよう意識しています。

このようにすると納期に追われるプレッシャーがなくなり、ひとつひとつの仕事のクオリティは間違いなく上がります。結果的に収入が増え、より時間に余裕をもちやすくなりました。

スケジュールに余白をつくると、新たな可能性のチャンスを摑みやすくなるメリットもあります。僕は、異業種交流会などに誘われることが多いのですが、そうした場に顔を出すことで新しい仕事や活動へと導かれることが少なくありません。自著の出版や大口の案件獲得などにつながったこともありました。

でも、もし僕がめいっぱいスケジュールを詰め込んでいたら、せっかくお誘いをいただいても「こんな忙しいときに……」とネガティブに捉えてしまうと思います。そうしてお誘いを断っていると、だんだん誘ってもらえなくなり、新しいチャンスを摑む機会を失っていたことでしょう。

好条件のオファーが重なった場合は

ただ、スケジュールに余裕をもとうとしても、好条件の仕事のオファーが重なると、つい無理して仕事を詰めたくなってしまうかもしれません。

僕は、前章に書いたように好条件の案件を優先し、スケジュールにある程度余裕をもつようにしていますが、好条件の案件が同時期に重なることがあります。

あるとき、このようなことがありました。

A社からブックライティングの依頼を受けて執筆していた時期に、B社からも急ぎのブックライティングの依頼が来ました。B社の報酬の条件は良く、その時点ではある程度スケジュールに余裕があったので、B社の依頼をお引き受けすることに。そうして、A社とB社の案件を同時並行で進めることになりました。

そこに、新たにC社からWEB記事のライティングの依頼が来たのです。セミナーの動画を見て記事にまとめるというもので、1記事20万円という、僕にとって高報酬の条件でした。

作業量としては2日ほど時間があれば完了できるレベルだったので、「1日10万円か」などとつい皮算用をしてしまいましたが、迷った末に、C社のご依頼は事情を伝えてお断りすることにしました。A社、B社の案件を抱えている状態では、どうしてもC社のための2日間の執筆時間を捻出できないと考えたからです。

そういうわけでC社のオファーをお断りして20万円の報酬を失ったわけですが、この判断は結果的に正解でした。B社の執筆に想像以上に時間がかかってしまったからです。

もし無理してA、B、C社の案件を同時に受けていたなら、少なくとも1社は納期に遅れたり、原稿のクオリティが低くなったりして、ご期待に沿えない結果になっていたと思われます。

でも、C社の仕事を入れないという判断をしたことで、A社とB社にはお約束どおりに原稿を納品して、満足していただくことができました。また、B社の本は重版がかかって追加の印税をもらえたので、C社を断って機会損失となった売上も補塡された格好です。

そしてお断りしたC社についても、後日、別の案件のご依頼をいただくことができました。しかも、前回より余裕のある納期を設定していただきました。「もうC社からのご依頼はいただけなくなるかも」と思っていましたが、杞憂だったようです。

この一連の出来事を経験して、スケジュールに余裕をもっておくことの大切さや、仕事を断ることでかえって信頼が高まることがあることを学びました。

交わした約束を守ることは当然ですが、守れない約束は最初からしないことも、信頼を得ることにつながります。

無理にスケジュールを詰め込もうとすれば、不可能な約束を交わすことにもなりかねません。そうなると自分で自分を苦しめることになりますから、仕事のスケジュールを組むときには慎重に考えたいところです。

仕事が途絶えたときにとれる行動

先ほどの話とは逆に、時には仕事の依頼が来なくてスケジュールが空いてしまうこともあるでしょう。

フリーランスにとって仕事の依頼が途絶えるのは恐ろしいことです。「仕事の依頼がない＝収入がなくなる」ですから、どうしてもネガティブな気持ちが湧いてきます。

そんなときは、じっと家で仕事が来るのを待っていても不安になるばかりですから、何か未来のための行動をとってみることをおすすめします。

前章で書いたように、僕は新型コロナウイルス感染症が流行した２０２１年に急速に仕事がなくなりました。数か月分の収入になると見込んでいた大型案件が中止になるなどして、意図せず暇になってしまったのです。

当時、コロナ禍がいつ終わるかまったくわからない状況でしたから、空いた時間を自宅で過ごしていても落ち着くことができません。

そこで、コロナ禍でもできることはないかと考え、給付金や補助金、融資の申請を行って金銭面の問題を解決しつつ、動画を使った新規事業に挑戦することにしました。融資などで得た資金をもとに撮影機材や編集ソフトなどを揃え、ＹｏｕＴｕｂｅでお金に関する情報発信を始めようと考えたのです。

最初の1年はただ働きだったYouTube

もちろん、ＹｏｕＴｕｂｅを始めたからといって、すぐに収入になるわけではありません。僕が始めた当時は、チャンネル登録者数１０００名、過去12か月間の総再生時間４０００時間以上という収益化の条件があり、これをクリアするまでに１年半ほどかかりました。この間、週１本ほどの動画を出していましたので、ＹｏｕＴｕｂｅに関してはただ働き状態が１年以上続いたことになります。

でも、すぐにお金にならなくとも、ＹｏｕＴｕｂｅを始めたことは、仕事を失っていた僕にとって精神的な安定につながりました。**「将来のために行動している」**

という感覚が、心の支えになってくれていたのです。

その後、ＹｏｕＴｕｂｅは無事に収益化でき、今では僕の収入源のひとつになってくれています。動画を見てくれた方からセミナーの登壇依頼を受けたり、テレビ番組の出演依頼が来たりと、想像していなかった機会もいただきました。２０２３年にダイヤモンド社から出版した『元国税専門官がこっそり教える あなたの隣の億万長者』も、僕のＹｏｕＴｕｂｅをたまたま見た編集者さんからのオファーによって実現したものです。

フリーランスは金銭的にも不安定ですが、スケジュールも不安定です。これをいかに自分にとって良い形にコントロールできるかも、長く仕事を続けるうえで大事なことです。

仕事が多いときは減らし、仕事が少ないときは他にできることを考える。そのようにコントロールすることで、金銭面においても、精神面においても、楽になっていきます。

お金の不安を軽くする方法

「お金がなくなるかも」という不安も、フリーランスにはつきものです。

お金を増やすための具体的な対処法を第3章でお伝えしましたが、ここでは精神的な不安感を抑えるために僕がしていることをお伝えします。

まず大事なことは、自分のお金の状況を正確に把握しておくことです。ひとつの通帳残高を見て一喜一憂するのではなく、自分がもっている財産や、支払いを控えているものを総合的に把握しておく必要があります。

そのために僕はマネーフォワードという家計簿アプリを使用して、自分がもっているすべての預金口座とクレジットカードなどの情報を連携させています。これによって、現時点でどれくらいの財産があり、いつ頃にいくらクレジットカードの引き落としが来るかを把握しています。

このようにお金の状況を把握することで、「あと数か月は大丈夫だな」と安心できたり、「もう少し仕事を入れておいたほうがよさそう」と改善策を考えるきっかけにしたりできます。

「入ってくる予定のお金」を数える

これに加えて、「これから入ってくる予定のお金」を数えることも、安心感を得るために役立ちます。受注をしてこれから売上になる金額や、既に納品をして入金を待っている状態の金額を、ざっくりでもいいので把握しておくのです。

フリーランスがお金の不安にとらわれず仕事をするには、こうした「これから入ってくるお金」を、常にある程度確保しておくことが大事です。

その意味で意識しておきたいのが、**「短期サイクルの仕事」と「長期サイクルの仕事」のバランスを保つ**ということです。

僕のようなライターの仕事の場合、ＷＥＢメディアなどの記事であれば、納品の翌月には原稿料を支払ってもらえます。こうしたものが短期サイクルの仕事です。

一方、書籍の場合は納品から報酬を得るまでの期間が長く、下手をすると初稿作成から数年後に入金となる場合もあります。こちらは長期サイクルの仕事に当てはまるでしょう。

一般的な傾向として、短期サイクルの仕事の場合は大きな報酬を得にくく、しかも案件ごとに編集者さんとのやりとりなどが新たに発生するので、時給換算すると収益性はあまり良くありません。

一方、長期サイクルの仕事であれば、少しのやりとりだけで済み、まとまった金額の報酬を得やすいです。とくに書籍の場合は重版がかかれば一気に収入が増える可能性もあるので、さらに収益性は高くなります。

短期サイクルの仕事と、長期サイクルの仕事は、どちらが良いというものではなく、バランスが大事です。

短期サイクルの仕事に偏りすぎると、薄利多売になって忙しい割には収入が伸びにくくなります。ですが長期サイクルの仕事に偏りすぎると、売上は多くとも、入金が遅くて手持ち資金が尽きてしまうおそれがあります。

このような両者のメリット・デメリットを相殺するため、僕は長期サイクルの仕事をベースにしつつも、短期サイクルの仕事も適度に組み入れています。具体的には、まず書籍などの時間がかかる案件の予定を先に入れ、その合間にＷＥＢメディアなどの短期的なサイクルの仕事を行うという形です。

そうして、「これから入ってくるお金」を常に２００万円程度確保しておくことを意識しています。書籍の仕事の場合、１冊70万円以上の報酬になることが多いので、３冊分で２００万円として、常時３冊くらいの案件をもっておけば達成できます。

「いつでも借りられるお金」で安心を得る

そして最後に、「いつでも借りられるお金」をもっておくことも、金銭面での安心材料になります。

第３章でお伝えしたように、小規模企業共済を利用すると、積み立てた掛金に応じて低利率で貸付を受けられます。僕は、独立してしばらく小規模企業共済に優先的に積み立てて、２００万円ほどいつでも借りられる状態を整えました。

つまり僕は、「これから入ってくる予定の２００万円」と「いつでも借りられる２００万円」を常時確保しているので、金銭面であまり不安を抱えずにいられるのです。

ちなみに、ＮＩＳＡやｉＤｅＣｏなどの積立もしていますが、こちらは教育費や老後資金のためのものなので、基本的には手をつけるつもりはありません。

自分の仕事が万が一なくなっても、とりあえず４００万円があると思えば僕は安心できますが、どれくらい準備が必要かは、人それぞれのライフスタイルや感覚によります。目安としては一年間位生活できるくらいの金額があるとよいと思われますが、ご自身が安心できるだけの金額を確保しておきましょう。

フィードバックに落ち込まない

付き合いの長い編集者さんから、「原稿を修正してもらおうとライターに連絡したら、飛ばれてしまった」という話を聞いたことがあります。飛ばれた、つまりそのライターと連絡が一切とれなくなったということです。

ライターの仕事をしていると、納品した原稿に対してフィードバックや修正依頼が来ることがあります。そうしたことにプレッシャーを感じたライターが、飛んでしまったのだと想像します。

そのライターの気持ちがまったく理解できないわけではありませんが、そんなことをしてしまうと関係者に多大な迷惑をかけることになります。案外ライターの業界は狭いので、「あのライターは飛ぶ」という評判が立てば、もはや仕事を続けることはできないでしょう。

僕自身はこれまでに飛んだことはなく、今でこそフィードバックに対して淡々と対応していますが、ライターになったばかりの頃はやはり落ち込むこともありました。「自分は向いていないのでは」「編集者さんに嫌われているのでは」と、どうしても良くない想像をしてしまうものです。

それでも自分なりに誠実に対応をしていると、結果的に仕事の依頼をリピートしていただいたり、より良い条件の仕事をいただけたりと、いいことがたくさんありました。

フィードバックは「期待されていることの証」

今では僕から他のライターの方にお仕事をお願いすることもあるのですが、その立場も経験して思うのは、**フィードバックは、「期待されていることの証」**であるということです。

「この人ならきちんと修正してくれそう」「次から期待するレベルに仕上げてくれそう」と思えばこそ、手間暇をかけてフィードバックをしているのです。そう思われていなければ、編集者さんが自ら原稿を直すか、別のライターに切り替えるかといった判断をされてしまうでしょう。

それに、プロの編集者さんからのフィードバックは、ライティングスキルを身につけるまたとない機会と言えます。考えてみれば、ライター講座などで学べばお金を払って指導を受けるわけですから、お金をもらいながら学ばせていただけるという意味でも、フィードバックは大変ありがたいものです。

フィードバックを受けたときは、むやみにネガティブに捉えず、「指摘された点を直す」ことに集中するのが吉です。「編集者さんは怒っているのでは」「自分には才能がないのでは」などと妄想をする時間があったら、一刻も早く修正対応して仕事をスッキリ終わらせましょう。

コンテンツはバズってもいいが、自分はバズらせない

フリーランスとして名前を売ることは、収入を増やし仕事の幅を広げるうえで大切なことです。第1章では、そのために僕が行ってきたことをお伝えしました。ただ、名前を売ることで、批判にさらされ、自由を失うリスクがあることにも注意が必要です。

単純な話ですが、自分のことを知られれば知られるほど、批判を受ける可能性は高くなります。僕はこれまでに10冊ほど本を出してきましたが、売れている本ほどAmazonレビューなどで低評価の割合が高くなることに気がつきました。おそらく、売れている本は僕のファンの方以外にも届くので、その分低評価の割合が高くなってしまうのでしょう。

僕のYouTubeで動画がバズったり、寄稿した記事がヤフーニュースに転載されたりしたときも、やはり批判的なコメントを多く目にすることになります。あ

るとき、僕のＹｏｕＴｕｂｅでインボイス制度について解説したときは、コメント欄で賛成派と反対派の方が議論するような形になり、僕に対する批判もそれなりに来ていました。

こうした状況を知った家族や知人から心配されることもあるのですが、僕自身は割と大丈夫です。それほど大きな精神的ダメージを受けることはなく、日常は平和に過ごせています。

僕がなぜ大丈夫なのかというと、**「自分のコンテンツ」と「自分自身」を切り離して考えている**からなのだと思います。

何か批判を受けても、それは僕が作ったコンテンツに対するものであり、僕自身の人格が否定されているわけではありません。

考えてみれば当たり前の話なのですが、このことを意識していないと、批判コメントを目にするたびにダメージを受けてしまいます。とくに、ライターのように自分の名前で発信する仕事を続けていると、多くの人から意見が寄せられることがあるので、すべてを真正面から受け止めると身がもちません。

キャラクターを売りにすることの危険性

このような考え方をしているからなのか、「自分のキャラクター」を売りにするのは少し危険だと感じています。自分のキャラクターの魅力で固定ファンを獲得できるメリットはたしかにありますが、批判が直接人格に向けられるリスクもあるからです。

また、キャラクターを武器にしすぎると、人に求められるキャラクターを演じようと極端な発言をしてしまい、本来の自分とのギャップに苦しむかもしれません。

僕の場合、週刊誌などの取材依頼で、「元国税として、国税組織の問題を暴露してほしい」というような立ち位置を求められることがあります。

そういった発言には一定のニーズがあるようで、同様の依頼が僕のもとに何回か来ましたが、僕はすべてお断りしています。

僕の正直な思いとして、国税組織を糾弾したいとはまったく思っておらず、むしろ国税職員時代に色々な方にお世話になったおかげで今があると思っています。それに、僕は人を批判することが好きではありません。

もし僕がメディアの期待するような役回りを演じていたら、フォロワーが増えて今よりも影響力を高められたかもしれません。しかし、そのことで本来の自分と、対外的な自分を使い分ける必要が出てくるので、不自由になってしまいます。それでは失うものが大きすぎる。

SNSのフォロワー数との向き合い方

フリーランスにとってSNSに力を入れて知名度を上げようとするのは、ひとつの戦略です。たしかにフォロワーが多ければ、メディアで取り上げられたり、新しい仕事の話が来たりといったことにつながる可能性が高まりますから、こうした目的のためにSNS運用に取り組むのはよいと思います。

ただ、具体的な目的がないにもかかわらず、フォロワーの数だけを追いかけることはすすめられません。フォロワー数を比べれば上には上がいるわけですから、いつまでも現状に満足できず、やがて疲弊してしまうことが目に見えています。

僕の場合、Xのフォロワー数は1700人ほどで特段多いわけではありません。

でも、出版などの仕事はコンスタントにいただけていますし、そこまでフォロワーを増やす必要はないと感じています。今後の活動によってはSNSにもっと力を入れるかもしれませんが、無理はしないようにしたいと思っています。

自分のありのままのキャラクターを評価してもらうのが、結局は一番自然で、精神的にも楽です。僕が売るものは作ったコンテンツであり、僕自身のキャラクターではありません。そのことをこれからも意識して、できるだけ自由でいたいと思っています。

孤独にならない居場所をもつ

フリーランスの生活は、基本的に孤独なものです。

独立してすぐ感じたのは、自分の人間関係の大半が職場に依存していたということでした。それまでは職場に毎日通っていたので孤独を感じることはなかったのですが、退職した途端に人付き合いがほぼゼロになってしまったのです。

ひとりでいる時間は快適ですが、それが長く続くと飽きてしまいます。気づけば家族以外と一切会話をせずに何日も過ごすという生活になり、何となく孤独を感じるようになりました。在職中は自覚していませんでしたが、職場で雑談をしたり、一緒にランチや飲み会に行ったりすることも、大事な時間だったようです。

僕がラッキーだったのは、独立してすぐに、ほんの偶然から自分が住む地域の人たちとの関係を築けたことにあります。

ちょうど子どもたちの夏休みに入る頃に独立した僕は、自宅で仕事をすることが難しいと感じ、外で仕事場を探そうと考えました。

インターネットを見ていると、僕の住まいから近い埼玉県草加市が行っている「そうかリノベーションまちづくり」という取り組みが目にとまります。

そのプロジェクトのひとつに、「シェアアトリエつなぐば」という、コワーキングスペースとして利用できそうな施設の計画があることを知り、僕は早速関係者の連絡先を調べてコンタクトをとってみました。

「場違い」と感じた施設が、意外にも……

そうして入居説明会の場所となっていた喫茶店に足を踏み入れた僕は、すぐに「何かおかしい」と気づきます。参加者の大半が女性であり、しかも皆さんすでに知り合いの様子。僕だけが明らかに浮いていたのです。

話を聞いてみると、草加市では女性創業支援として「わたしたちの月3万円ビジネス」（通称「3ビズ」）という取り組みが行われていて、そこで生まれた「子連れで働ける場所」というコンセプトがもとになって、シェアアトリエつなぐばの計画が進められてきたといいます。そのため、説明会には主に草加に住む3ビズ関係者のママさんが集まっていたのです。

そのため、「自分は場違いだな……」と思いはしたのですが、他に仕事ができそうなスペースはありません。ダメもとで利用申し込みをしたところ、幸いにも受け入れてもらうことができました。


つなぐばには、「ほしい暮らしは私たちでつくる」＝DIO（Do It Ourselves）という理念があります。普通のコワーキングスペースと違って、つなぐばは利用者自ら場所づくりに関わる形になっているため、僕も建物のリノベーション工事を少し手伝ったり、ミーティングに参加したりすることになりました。

僕がつなぐばに入って6年以上が経ちましたが、この間にイベントの手伝いをしたり、商店を紹介する冊子を作る仕事をしたり、色々と草加の地域に関わる活動をさせてもらいました。このような地域との接点をもてるなんて、独立前は想像さえできなかったことです。

さらに2022年6月には、つなぐばの近くで私設図書館の「さいかちどブンコ」をオープンすることになり、こちらにも僕は立ち上げメンバーとして関わっています。他のメンバーとともに図書館の運営方法を考えたり、壁の塗装などの作業を手伝ったりしながら、自分たちでユニークな場所をつくることができました。

人と話せる環境は安心感をもたらしてくれる

いまでは時々、さいかちどブンコの2階のスペースでライティングなどの仕事をしています。吹き抜けから1階を眺めると、僕の知っている方たちが読書をしていたり、コーヒーやスイーツなどが販売されていたりします。仕事の合間に1階に行ってコーヒーを注文して、顔なじみの人たちとおしゃべりをするのは、なかなかに豊かな時間です。

精神衛生上、人と話せる環境は大切です。自分が知っている人、自分を知ってくれている人が、すぐ近くにいると安心感があります。

フリーランスは家でひとりきりでも働けますが、できれば何かしらのコミュニティに入っておくのが良いと思います。コワーキングスペースでも、地域や同業者のイベントなど、形は何でもいいので、気軽に関われる人を周りに増やすと、より楽しくフリーランス生活を送れると思います。

人間関係の悩みをなくすには

あるとき、フリーランスの友人から、「ずっと取引のあったクライアントから、急に仕事が来なくなった」と悩みを打ち明けられました。

その友人は、仕事がなくなって収入が減ったことよりも、懇意にしていたクライアントとの関係が途絶えたことにショックを受けていたようです。

僕も、やはりフリーランスになってから何度か同じような経験をしましたが、会社員の人事異動のようにはっきりした理由が見当たらないだけに、不可解に感じないわけではありません。自分の仕事が満足してもらえなかったのか、何か気に障ることをしたのか、そのように自分に原因を求めたくなってしまいます。

あるいは逆に、仕事のスタンスや性格が合わない人と仕事をすることになり、そのことに悩むこともあると思います。会社員なら人事異動などで自然と解決できる可能性がありますが、フリーランスだとそうはいかないのが悩ましいところです。

人間関係は「時計の針」のようなもの

でも僕は、**「良い縁は続き、そうではない縁は続かない」**という考えをもつことで、人間関係で一喜一憂しなくなりました。

関係が続いているのであれば良い縁である証であり、関係が断たれたのであれば、自分にとっては良い縁ではなかったのだ、と割り切るようにしています。

何か人間関係で問題が起きたとき、相手を責めたり、自分を責めたりしても、あまり意味はありません。絶対的な味方、絶対的な敵ということはなく、状況次第で自分と合う人は変わっていくもの。自分を取り巻く状況は常に変化しているわけですから、それに応じて人間関係も変わっていくと考えるほうが自然です。

そのようにして特定の人間関係に固執せずにいると、悩みはかなり解消されます。

何となく僕は、人間関係を「時計の針」のようなものだと思っています。

時計の短針と長針は、一度重なって離れますよね。あんな風に、人と出会えば、いつか必ず別れが訪れます。同じようなスピードで動いている人とは長い時間重なっていられるでしょうが、それでも永遠に一緒にはいられないのです。

親しい人と離れることは寂しいですが、いつかまた出会うことがあるかもしれません。時計の短針と長針が離れてから再び交わるように、ぐるっと一周してご縁が再びつながる可能性はあります。

だから僕は、今関わりのある人との関係を大事にして、離れてしまった人のことでクヨクヨしないようにしています。一緒に関われていたことに感謝しながら、またいつか再会するときを楽しみに待ちたいと思っています。

他の人と自分を比べない

気持ちよくフリーランスとして働くうえで、僕が個人的に一番やってはいけないと思うのは、「他の人と自分を比べる」ということです。

会社員のようなわかりやすい序列がないためなのか、フリーランスは他の人と自分を勝手に比べて自信を失いやすい傾向がある気がします。

「あの人よりもフォロワーが少ない」「あの人は活躍しているのに自分はまだまだ」などと考えて、落ち込んでしまうわけです。今はSNSで他人の情報が目に入りやすいので、ある程度は仕方のないことなのかもしれません。

でも、そのように比較をするのは、実に不毛だと僕は思います。

なぜなら、他の人と自分を客観的に比べることは難しく、思い込みによる比較になってしまいがちだから。つまり、「自分はこうだ」という思い込みと、「他人はこうだ」という思い込みをぶつけて、勝手に苦しんでいるだけなのです。

結局、他人のことなどわからないし、自分自身のことさえすべて理解しているわけではありません。それなのに比較して苦しむ必要はまったくないと思います。

他人ではなく、過去の自分と現在の自分を比較する

他人と比較するよりも、過去の自分と比較したほうが、よほど意味があります。過去よりひとつでもできることが増えていたり、少しでも理想に近づけていたりするなら、それは自信をもっていいと思います。

僕も、つい他の人のことが気になることもありますが、そんなときはじっと自分自身に目を向けます。それも、「他の人と比べた自分」ではなく、「他の人とは切り離した自分の価値」を意識するようにしています。

人間誰しも固有の価値があり、それは肩書きや収入、仕事などに左右されません。たとえば僕なら、「元国税」とか「マネーライター」とか、色々なラベルを武器にしてはいますが、そうしたものを剥がしても残る価値が、自分自身の中にあると信じています。だから、自信を失いそうになったときも、自分には自分だけの価値が

あることを思い出すことで、自信を取り戻すことができます

フリーランスを取り巻く状況は常に不安定です。確かなものは、自分の足もとにしかありません。仕事やお金、人間関係など、さまざまな周りの状況に心が揺れたなら、立ち止まり、自分自身を静かに見つめ直し、また前を向いて歩いていきましょう。

おわりに

この本の構想を考えていた２０２３年10月下旬、僕は取材のためスペインのバルセロナに滞在していました。

気持ちのよい秋の空気の中、バルセロナ旧市街を歩き、サグラダ・ファミリアなどの美しい建築物を目にしながら、僕は自分の身に起きた現実を信じられずにいました。ほんの数週間前まで、自分が仕事でスペインに行くなどとは想像さえしていなかったのです。

ことの経緯はこのようなものでした。

以前仕事でご一緒した編集者さんから連絡があり、クリエイターの高城剛氏のスペインに関する書籍のブックライティングを任せていただけることになりました。当初の計画では、高城氏がスペインで取材を行い、その後に日本で僕が高城氏にインタビューを行って原稿作成のお手伝いをするという形でした。

ところが間もなく、高城氏から編集者さんを通じて、「スペイン取材に同行できませんか」と申し出があったのです。驚いたことに、渡航費をはじめ、現地でかかるコストまですべて高城氏が負担してくださるといいます。

その時点で僕はまだ高城氏とお会いしたことはなく、そこまでしていただける理由がまったくわかりません。疑問に思っていると、高城氏から直接僕にメールが届きます。そこには、僕をお誘いいただいた理由とともに、スペイン渡航を、「新しい扉を開くきっかけにしてほしい」とのメッセージが書かれていました。

その仕事の話が来る少し前、僕はたまたま高城氏の本を読んで興味をもち、高城氏が発行しているメルマガに登録をしていました。そのメルマガには、読者からの質問に高城氏が答えるコーナーが設けられています。

そこで僕は、自分の今後に関する相談をお送りしていました。

その頃、僕は節税などをテーマとする自著を10冊ほど出しており、元国税ライターとしての仕事が一段落したと感じていました。ありがたいことに仕事の依頼は絶えず来ていましたが、心のどこかで「もう少し新しいことにもチャレンジしてみたい」という気持ちがありました。

安定した今の仕事を続けるべきか、新しい世界に出てみるべきか。そんな、公務員からライターになったときと似た迷いが、再び自分の中に生まれていたのです。

そんな迷いについて高城氏のメルマガで相談したタイミングで、高城氏のライティングの仕事の話が舞い込んできたことは、本当に不思議なご縁というほかありません。このご縁が、僕をスペインへ運んでくれました。

高城氏からの案内にしたがって単身スペインに向かった僕は、バルセロナ・エル・プラット国際空港のターミナルで初めて高城氏とお会いしました。

そこから8日間にわたる取材旅行が始まったのですが、その期間中、僕は日常とはまったく違う世界にいることに興奮しっぱなしでした。スペイン人の専門家にインタビューをしたり、スペインで暮らす日本人の方ともお会いしたりして、僕は自分の視野が大きく広がるのを感じました。

スペインでの経験を通して僕が思ったのは、「これからはもっと外に出ていきたい」ということ。机にかじりついてばかりいるのではなく、色々な場所に足を運び、色々な人と出会いたいと思ったのです。

そんな気持ちを心に抱いていると、不思議なことに次々と海外に呼ばれる話が舞い込んできました。2024年はフィリピンとオーストラリアを訪れ、さらにドバイとインドに行く予定です。

ライターの仕事は「書くこと」に注目されがちですが、仕事を通じて色々な人と出会え、多様な経験ができることは、ライターの特権といえるでしょう。面白いことを見つけて、これを文章で伝えるのがライターの仕事の本質だとしたら、ライターの仕事に飽きることはあり得ません。

フリーランスの人生は不安定なものですが、不安定で先が読めないからこそ、面白いのです。不安定な状況に身を任せる勇気をもち、楽しむことができれば、人生はもっと豊かになります。

そうした経験をするには、まずはフリーランスとして〝食べていける〟という状態をつくり出す必要があり、そのためのノウハウや考え方をこの本でお伝えしたつもりです。

僕は、フリーランスをこれからの世の中で求められる働き方だと確信しています。自分が理想とする働き方をして、自分の価値を世の中に表現できる人がもっと増えてほしいと願い、僕は今回の本を書き、これからフリーランスを育成するスクールを始めようとしています。
まさに今は自分の仕事が変化している最中なのですが、どんな未来につながるのか楽しみです。

この本は、僕にとって初めてのテーマの本になりました。執筆の機会を与えていただき、サポートしてくださった、扶桑社編集者の宮川彩子さんに感謝します。そして、これまで僕の活動を応援してくれたすべての人へも、心からの感謝を捧げます。

最後に、自分らしい働き方や生き方を求める人にとって、この本がひとつの道しるべになれば幸いです。一人でも多くの方が、自分らしい幸福な人生を実現できることを願っています。

２０２４年10月
小林義崇

自由に生きるために
役立つ情報を発信中

以下のQRコードから
小林義崇の公式ホームページにアクセスできます。
氏名とメールアドレスをご登録いただいた方には
限定無料セミナーなどのご案内を
優先的にさせていただきます。

小林義崇（こばやし・よしたか）

2004年に東京国税局の国税専門官として採用され、以後、都内の税務署、東京国税局、東京国税不服審判所において、相続税の調査や所得税の確定申告対応、不服審査業務等に従事。2017年7月、東京国税局を辞職し、フリーライターに転身。書籍や雑誌、ウェブメディアを中心とする精力的な執筆活動に加え、お金に関するセミナーを行っている。『僕らを守るお金の教室』（サンマーク出版刊）、『元国税専門官がこっそり教える あなたの隣の億万長者』（ダイヤモンド社刊）ほか著書多数。

公式ホームページ　https://yoshi-koba.com

装丁　bookwall

カバーイラスト　植田たてり

DTP・図版作成　ディアグルーヴ

校正　皆川 秀

編集　宮川彩子（扶桑社）

新しいフリーランスの歩き方

発行日　2024年11月5日　初版第1刷発行

著　者　小林義崇

発行者　秋尾弘史

発行所　株式会社 扶桑社
〒105-8070 東京都港区海岸1-2-20　汐留ビルディング
電話（03）5843-8843（編集）
（03）5843-8143（メールセンター）
www.fusosha.co.jp

印刷・製本　タイヘイ株式会社印刷事業部

定価はカバーに表示してあります。

造本には十分注意しておりますが、落丁・乱丁（本のページの抜け落ちや順序の間違い）の場合は、小社メールセンター宛てにお送りください。送料は小社負担でお取替えいたします（古書店で購入したものについては、お取替えできません）。なお、本書のコピー、スキャン、デジタル化等の無断複製は著作権法上の例外を除き禁じられています。本書を代行業者等の第三者に依頼してスキャンやデジタル化することは、たとえ個人や家庭内での利用でも著作権法違反です。

© Yoshitaka Kobayashi 2024

Printed in Japan
ISBN 978-4-594-09773-8